SUR

QUELQUES CONTRÉES

DE L'EUROPE.

TOME SECOND.

SUR

QUELQUES CONTRÉES

DE L'EUROPE,

OU

LETTRES

DU CHEVALIER DE ***,

A MADAME LA COMTESSE DE ***.

Quiconque ne voit guère
N'a guère à dire aussi.

La Font. Fable des deux Pigeons.

TOME SECOND.

A LONDRES.

1788.

SUR

QUELQUES CONTRÉES

DE L'EUROPE.

LETTRE XXVII.

Du Chevalier de ***, *à Madame de* ***.

QUI a vu les environs de Rome, du côté du *Latium*, connoît ceux de Rome jusqu'à Tivoli. C'est le même spectacle de dévastation, de langueur, et de misère. On m'avoit assuré que, si le sommeil me surprenoit en route, je

Tome II.   A

serois infailliblement victime de l'intem-
périe, qui règne dans la campagne de
Rome, durant les chaleurs de la cani-
cule. On s'est épuisé, en conjectures,
sur les causes de cette épidémie. Il ne
faut pas, je crois, les chercher ailleurs
que dans les exhalaisons malignes, qui
s'élèvent des marais Pontins ; et dans la
dépopulation absolue de cette partie des
états de l'église. Qu'il s'y opère une
heureuse révolution ; qu'il y naisse des
hommes, ou, pour mieux dire, de bonnes
loix, avec lesquelles ils naissent infailliblement ; bientôt on verra le Tibre se
rendre à la mer, par une autre embouchure ; par celle, peut-être, que César
vouloit lui ouvrir vers Terracine ; projet
qui porte l'empreinte de son génie, et
que lui attribuent Dion, Suétone, et
Plutarque. On verra les eaux qui descendent des montagnes, s'écouler dans
de vastes canaux, et ne plus croupir,
sur un sol inégal. On verra cent-cin-

quante mille arpens d'un cloaque immonde et pestilentiel rendus à l'agriculture; et ce marais infect orné de maisons de plaisance, comme il l'étoit autrefois, au rapport de Pline et de Cicéron.

Le danger de traverser cette terre me fut rappellé par cinq ou six spectres pâles et livides; seuls êtres vivans que, dans l'espace de vingt milles, je rencontrai dans ces tristes solitudes. La surprise la plus agréable m'attendoit à Tivoli, à l'aspect des cascades de l'Anio, dont Horace préféroit les rives à celles du Céphise et de l'Eurotas. Malheur à l'homme de lettres qui se reposeroit avec indifférence à l'ombre des bois d'Albunée. S'ils ne retentissent plus des oracles d'une sibylle, on y respire l'air le plus pur, le plus salubre de l'Italie; et chaque objet y retrace un souvenir, y fait naître une pensée, ou un sentiment. C'est là qu'Aurélien envoya mourir la belle et infortunée Zénobie. La cendre de cette reine fameuse

> Y repose, à côté de celle de Cynthie,
> Dont le sort, moins brillant, fut plus digne d'envie;
> Qui n'eut rien à prétendre, à craindre d'un César;
> Vit l'aimable Properce attaché sur ses traces;
> Et d'un vainqueur altier loin d'embellir le char,
> Sut retenir au sien les talens et les graces.

Properce avoit pour voisin, à Tibur, le célèbre adorateur de Lydie, de Chloé, de Myrtane, de Barine, de Tyndaride, de Galathée, de Glycère, et de tant d'autres, dont les noms m'échappent, et que sa muse a immortalisées. Je ne peux résister au plaisir de vous raconter une petite anecdote de mon voyage, qui vous prouvera que l'ame du voluptueux Horace respire encore dans ces beaux lieux.

En me rendant, des ruines d'une maison de Mécène, à celles du temple de la sibylle Tiburtine, j'entendis,

comme on peut entendre cependant,
à la distance d'environ cent-cinquante
toises, un dialogue qui promettoit
beaucoup. Il se tenoit, à l'entrée d'un
de ces réduits champêtres, dont le mystère et le plaisir font par-tout leurs asyles.
Une petite nymphe de Tibur se défen-
doit d'y entrer, et cherchoit à dégager
ses mains, des mains d'un jeune homme
qui la pressoit vivement. Vous voudrez
bien suppléer leur petit dialogue. Ce
qui se dit de part et d'autre, en pareille
circonstance, se ressemble toujours, ou
à peu près. Tout en disant, non, non;
je vis distinctement qu'on alloit dire,
oui. L'espérance de voir, sur la cendre
d'Horace, un sacrifice digne d'elle, me
fit approcher avec précaution. Secondé
d'un léger zéphyr qui agitoit doucement
le feuillage, j'écarte quelques rameaux
qui me déroboient l'intérieur de la scène.
Alors je distingue, tout à mon aise,
un couple que l'Albane auroit pris pour

modéle. Deux colombes se béquetoient sur un arbre voisin. Ah ! s'écria le jeune homme, dans cette langue italienne, qui, malgré sa mignardise , ne laisse pas de prendre de l'audace et du feu, dans la bouche des hommes passionnés :

Les voyez-vous ces enfans du plaisir ?
Qu'ils sont heureux ! nous seuls, Alcimadure,
Périrons-nous d'amour et de desir ?
Aimable objet du tourment que j'endure ,
Crois-en ce cœur , à jamais plein de toi :
Il faut jouir. C'est la première loi ,
Le vœu , le cri de toute la nature ,
Qui t'en conjure , et te presse avec moi.
Ce verd gazon , ces feuillages dociles ,
Autour de nous , joignant leurs bras mobiles ;
Ces fruits ; ces fleurs ; ces parfums ravissans ;
Tout, sur le sein de la terre amoureuse ,
Et dans l'accord de tous les élémens ,
Semble te dire : il est temps d'être heureuse.
Vois cette vigne , autour de ce laurier.
Dans ces rameaux comme elle s'entrelace !
Tyran des bois , impitoyable acier ,
Ne tranche point des nœuds si pleins de grace.
Viens dans mes bras en former de plus doux ;

Viens ; et du ciel ne crains point le courroux,
Laisse gronder ses oracles sinistres.
Les malheureux ! ils ne se doutent pas
Que d'un Dieu bon, les plus dignes ministres
Sont le plaisir, ma flamme, et tes appas.
Alcimadure, à ce discours rapide,
Le front couvert d'une aimable rougeur,
Sur son amant lève un œil moins timide.
Son sein palpite ; un sourire enchanteur
Vient se placer sur sa bouche de rose.
Telle, au matin d'un beau jour de printemps,
Sourit la fleur nouvellement éclose,
Lorsqu'attiré par ses parfums charmans
Le papillon sur sa tige se pose,
Folâtre, autour de ses boutons naissans,
Pompe leur suc, et peut tout ce qu'il ose.

Vous devinez tout ce qu'osa mon
petit philosophe. Si je vous disois que
les manes d'Horace et de Properce en
tressaillirent, je ne vous dirois que ce
que je crus voir ; tant leur joli successeur
me parut les remplacer dignement. Je le
laissai, aux pieds de sa maîtresse, qui,
selon l'usage, juroit de ne lui pardonner

A 4

jamais ; et après avoir fait les plus tendres adieux aux cascades de Tibur, je partis pour celle de Terni.

O vous ! qui des jardins, alignés au cordeau,
    Détestez la monotonie ;
Qui voyez, sans plaisir, le jet d'un filet d'eau ;
Qui fuyez des bosquets la triste symétrie ;
Venez tous à Terni. D'un rocher sourcilleux,
Voyez tomber, en arc, le *Velino* rapide ;
Osez en approcher : osez, d'un œil avide,
    Sonder le gouffre ténébreux,
Où son onde se brise, avec un bruit affreux.
Du sein de cet abyme elle sort en furie.
Les voyez-vous ces flots, tumultueux, pressés,
En perles de crystal, vers leur source élancés,
S'y résoudre en vapeurs, et retomber en pluie,
    Par les vents au loin dispersés ?
Soit que l'astre du jour termine sa carrière,
Ou que de l'Orient il ouvre la barrière,
    Voyez dans ces napes d'argent,
Les magiques effets de son disque éclatant ;
Le pourpre ; le saphir ; l'émeraude brillante ;
    L'oranger ; l'or et le rubis,
    Et la topaze, dont Iris
    Orne son écharpe flottante.

O champs , aimés des cieux ! où règnent , à l'envi,
Et la riche Pomone et la brillante Flore ;
    O doux rivage de Terni !
    Oui , j'irai te revoir encore.
Oui , j'irai , dans ton sein , oublier Chantilli ,
    Et ce Versaille et ce Marli ,
Dont l'éclat me fatigue , où l'ennui me dévore.
J'y vois , j'y sens par-tout la main de l'oppresseur ;
De l'art , qui les créa , j'abhorre l'esclavage ;
Et , de la liberté , l'idole de mon cœur ,
Jusque dans les jardins , je veux trouver l'image.

Si j'étois pape , le vallon de Terni deviendroit une retraite unique sur la terre ; il réuniroit tous les charmes de la vallée de Tempé , sans en avoir les inconvéniens. C'en seroit un , terrible pour moi, d'y voir arriver, comme dans ce petit coin de la Thessalie , tous les dieux , que l'ennui chasseroit de l'Olympe ; mais j'y mettrois bon ordre : ce lieu, si simple , seroit d'un goût si pur et si vrai , qu'il ne pourroit que leur déplaire. C'est là , qu'après avoir déposé , dans Saint-Pierre de Rome , le triste et fatigant attirail de ma sainteté , je viendrois confesser quelque Mathilde, et respirer à mon aise, tandis qu'on étoufferoit à Rome. Les eaux de Terni joueroient pour moi , et celles du Vatican, pour les badauds. Ce mot me rappelle mon pélerinage à Notre-Dame de Lorette.

LETTRE XXVIII.

Il paroît que la vierge de Lorette, dut sa fortune à un âne. Si vous êtes curieuse de cette belle histoire, la voici.

Un des plus grands docteurs, du douzième siècle, étoit fort inquiet de ce que pouvoit être devenu l'âne qui porta Jésus. Comment avoit-on le malheur d'ignorer la destinée de cet âne célèbre, tandis que le moindre écolier de rhétorique savoit l'histoire de l'âne de Silène, et de l'âne d'or d'Apulée ? Un second docteur,

Quand il eut ruminé tout le cas dans sa tête,

prouva, par de grands traits d'érudition, que Jésus avoit ordonné à son âne de traverser la mer Adriatique à la nage. Un troisième montra le pré que son maître lui avoit désigné, sur les bords de l'*Adige*. En fait de bêtises, pariez toujours pour le succès de la plus improbable. Celle-ci fut adoptée généralement. On put donc se flatter, avec assez de vraisemblance, que le peuple verroit également, avec les yeux de la foi, le voyage de la petite maison que la vierge Marie habitoit à Nazareth, dans laquelle elle reçut la salutation de l'ange, et où elle mit au monde le fils de Dieu. En conséquence, on écrivit, et j'ai lu qu'immédiatement après la conquête de la Galilée, par les Sarrasins, les anges, pour prévenir la pollution que ces infidèles ne manqueroient pas de faire de cette sainte maison, la chargèrent sur leurs ailes, et la transportèrent de Nazareth en Dalmatie; mais que peu satisfaits de l'accueil qu'on lui fit, les anges résolurent de punir ces lieux ingrats, en les privant, sans espoir de retour, du bonheur de posséder un si précieux dépôt.

Ils la transportèrent donc, une seconde fois, au-delà des mers, dans le champ d'une femme nommée *Laurette*, d'où l'église, qui renferme la maison sainte, a pris son nom. Je veux primer, en érudition, les docteurs de Vérone ; et j'ajoute que les habitans de Nazareth, furent vivement alarmés de ce voyage aérien ; que chacun craignit, pour sa maison, le sort de la maison de Marie ; qu'une lumière céleste l'éclaira sur la route ; qu'une légion d'anges l'accompagnoit, en chantant des hymnes ; que tous les arbres des forêts s'inclinèrent devant elle ; enfin, qu'un double procès-verbal fut dressé, l'un, de la place qu'elle occupoit à Nazareth, l'autre, de ses dimensions dans le champ de Lorette ; et que le tout fut trouvé si juste, que, pour la première fois de leur vie, les incrédules furent réduits au silence. Au reste, ce voyage qui, dans le fond, n'étoit pas plus difficile que celui de l'âne, réussit encore mieux. Le miracle de l'âne de Vérone n'occasionna qu'une fête annuelle ; et la *Casa Santa* devint un gouffre, où s'engloutirent les trésors de tous les superstitieux de l'Europe.

J'avois vu, à Naples, je ne sais quelle image miraculeuse, peinte par saint Luc. J'appris à Lorette, qu'il étoit encore sculpteur. Dans la *Casa Santa*, au-dessus de la cheminée, et dans un enfoncement, revêtu de lames d'or, paroît un bloc de bois noir, taillé grossièrement en forme de statue, haut environ de trois pieds, lequel représente la Vierge et son fils. Tous les princes catholiques, à l'exemple de ce mauvais peintre, dont se moquoit Apelles, ont enrichi cette statue, qu'ils ne pouvoient embellir. Pour ne parler que de sa triple couronne, elle est estimée près de deux millions : ce fut la régente de France, Anne d'Autriche, qui l'en décora ; et vous observerez que c'étoit précisément à l'époque, où la raison d'état la forçoit, disoit-elle, à s'emparer d'une grande partie des rentes sur l'hôtel-de-ville.

Curieux de savoir si la grossière monnoie du douzième siècle avoit cours dans le dix-huitième, je dis à un vieux jésuite qui m'accompagnoit, et qui savoit par cœur l'histoire de la Madone, par le jésuite Turselin : Mon révérend père, j'ai très-confuse dans la tête l'histoire de votre vierge et de sa chambre; daigneriez-vous me la rappeller? Comment, s'écria le bon père, tout stupéfait de mon ignorance! vous! chevalier de Malte; vous, défenseur de la foi!

> Vous ignorez qu'un nombreux bataillon
> D'anges brillans, aux deux ailes dorées,
> Par le chemin des plaines azurées,
> Porta jadis cette auguste maison,
> De Nazareth, au rivage d'Ancone !
> Vous ignorez que sur ces bords fameux,
> Du Tibre au Tage, et de l'Ebre au Mincio;
> La piété vint accomplir des vœux,

Offerts, sans nombre, à la sainte Madohe !
Quel cœur de fer ne seroit pas ému,
Dans ce lieu saint, où la Vierge a conçu;
Où de la foi, qu'il faut avoir en elle
Tant d'*ex-voto* sont la preuve fidelle;
Où tout est plein de sa divinité;
Où chaque pas, chaque objet vous rappelle
Et sa puissance, et sur-tout sa bonté !
Il ajouta, d'un ton plein d'amertume :
Depuis long-temps, il faut en convenir,
Sur ses autels, la Vierge se consume;
Son crédit baisse, et la foi va périr.
Voulez-vous faire éclater sa puissance ?
Pendant neuf jours, faites qu'en ce saint lieu,
Et pour le bien de votre conscience;
A ses autels, j'acquitte un tendre vœu.
Les étrangers nous occupent trop peu;
Elle nous venge, en gardant le silence.

Il y avoit, comme vous voyez, des
frères *Lourdis*, même parmi les jésuites.
Celui-ci ne me fit pas grace d'une perle,
dans le trésor de Lorette; et je me garderai bien de l'imiter. Il me faudroit
un volume entier, pour épuiser cette
mine d'or, de perles et de diamans. Vous
croirez,

croirez, sans peine, que toutes ces richesses ensemble disparoissent, aux yeux des pélerins, devant la *Santa Scudella*, ou l'écuelle de terre, qui servit à la Vierge, et dans laquelle le fils de Dieu mangeoit sa bouillie. Il n'y a point de maladie, quelque invétérée qu'elle puisse être, qui ne cède à un peu d'eau, bue dans ce vase précieux. Presque tous les chapelets, en Italie, en Espagne et en Portugal, ont été tournés et retournés dans cette écuelle ; et la preuve incontestable qu'elle fut un meuble de la sainte famille, c'est que depuis trois cents ans qu'elle éprouve un frottement continuel, l'émail grossier qui la couvre, n'a pas souffert la moindre altération. Ne boit pas qui veut, dans la sainte écuelle ; il faut des neuvaines, pour obtenir cette faveur ; mais il ne faut qu'un cœur, et la connoissance d'un fait historique, pour se prosterner devant une douzaine de grilles, qui ferment les chapelles de cette église. Frère *Lourdis*, qui m'avoit vu de glace devant sa Madone, ne concevoit pas mon attendrissement à la vue de ces barres de fer : il m'avoit dit, pourtant, qu'elles avoient été forgées des chaînes de quatre mille esclaves chrétiens, dont la liberté avoit été le glorieux fruit de la bataille de Lépante. J'en demande bien pardon à la Madone de Lorette ; mais je fis un vœu, que j'accomplirois fidellement, si je voyois une partie de son trésor employée au desséchement des marais Pontins ; le reste, à faire naître l'industrie dans l'état de l'église ; et ces grilles de fer, transportées à Saint-Pierre de Rome, dont elles deviendroient, à mon avis, le plus bel ornement.

En sortant de la chambre à coucher de la Vierge, je vis un grand seigneur qui en faisoit le tour, sur ses genoux, baisant, à chaque pas, le marbre dont les murs de la *Casa Santa* sont revêtus.

Je suis de bonne foi : les superstitions
de ce genre ne me semblent pas plus
ridicules que celles qui régnoient en
Toscane, il y a deux mille ans. Vous
savez que les poulets sacrés représen-
tèrent jadis, avec infiniment d'honneur,
sur la scène, occupée aujourd'hui par la
Madone de Lorette, et qu'aux jours de
de leur gloire, ils firent plus de bruit
qu'elle, dans ses plus beaux jours. Long-
temps, cette Rome qui faisoit trembler
l'univers, tremblante elle-même devant
un poulet, entretint un séminaire en
Etrurie, où elle envoyoit des enfans,
pour être élevés dans la science des augures, de ces augures dont Cicéron
disoit, qu'il ne concevoit pas comment
ils pouvoient se rencontrer, sans étouf-
fer de rire. Au reste, on en pouvoit dire
autant de tous les oracles de la supers-
titieuse antiquité ; à l'exception, pourtant, de celui de Saturne à Alexandrie,
lequel mérite, à mon avis, une attention

particulière ; parce qu'il eut une inspiration d'un genre nouveau. Il déclara, un beau jour, qu'il ne répondroit plus qu'aux femmes ; et, encore, qu'il ne leur répondroit que la nuit, en tête-à-tête, et dans l'intérieur du temple. Il alla même jusqu'à dire, que dans les affaires générales, et qui intéresseroient l'ordre public, il ne rendroit de réponse qu'à la femme qu'il auroit choisie lui-même ; et que ce vase d'élection devant avoir le plus grand degré de pureté possible, on devoit s'attendre que les nouvelles mariées seroient, de préférence, honorées de son choix. Durant une année entière, aucune ne se plaignit de Saturne, tout vieux qu'il étoit, disoient les incrédules et les mauvais plaisans d'Alexandrie ; enfin, il s'en trouva une qui avoua ingénument à son mari que le vieux Saturne avoit fait le jeune homme avec elle. Le mari intenta un procès en règle, qu'il gagna, c'est-à-dire, qu'il perdit, au grand scandale d'Alexandrie; et la foi de ceux qui croyo'ent à Saturne auroit été détruite, si la foi pouvoit l'être. Mais laissons-là d'anciennes sottises, que d'autres ont remplacées, pour l'être par d'autres encore, qui seront détruites à leur tour; laissons les poulets d'Etrurie, les chèvres et les corbeaux antiques; les chênes de Dodone, et ses colombes; les statues parlantes d'Antium, et le pigeon de Mahomet, se succéder rapidement; et puisque nous voilà en Toscane, occupons-nous-y un moment de la gloire des arts, de cette gloire qui dure toujours; tandis que les superstitions s'anéantissent les unes par les autres, et s'effacent, à la longue, des registres du temps.

LETTRE XXIX.

NE soyons point injustes, envers nos maîtres. Ne cessons de répéter que nous devons tout aux Toscans. Nous n'étions encore que des barbares, vers le quatorzième siècle ; et déjà le *Dante*, *Pétrarque* et *Bocace*, avoient fait revivre la belle poésie. La Toscane avoit vu naître la peinture, sous la main de *Cimmabué* et de *Giotto*, et la gravure, sous le burin de *Finiguerra*. *Brunelesco*, réformateur de l'architecture, avoit donné le dessin et fait exécuter le dôme de la superbe cathédrale de Florence ; ouvrage étonnant, qui donna l'idée du premier gnomon au Florentin *Toscanelli* ; et à Michel-Ange celle de la coupole de Saint-Pierre. Enfin *Guy d'Arezzo*, restaurateur de la musique, l'avoit réduite en principes, avoit imaginé la gamme, et inventé le clavecin. Qui ne sait d'ailleurs que les Grecs, chassés de leur patrie, trouvèrent dans les Médicis des protecteurs éclairés et puissans ? Les beaux-arts, transplantés de Constantinople à Florence, semblèrent n'avoir point changé de climat ; et fleurirent tellement, par les soins de ces grands hommes, que leur siècle fut appellé, par excellence, le siècle des *Médicis.*

O Médicis ! pouviez-vous croire
Que, dans le champ de votre gloire,
L'esprit, le bon goût, la raison,
Céderoient si-tôt la victoire
A l'ignorance, en capuchon ?
Ainsi, par le torrent des âges,
Mœurs, loix, beaux-arts, cultes, usages,
Tout est emporté tour-à-tour.
Tel dans son immense contour,
On voit l'Océan, chaque jour,
Fuir, ou reculer ses rivages.
Les arts, honteusement chassés
Des beaux climats de l'Ausonie,

Dans les bois de la Germanie,
Long-temps languirent dispersés ;
Ils embellirent la patrie
Du Français vif, ingénieux ;
Allèrent polir le génie
De son voisin trop sérieux ;
Et de leurs festons glorieux
Enchanter, jusqu'à la Russie.
Les pénates lourds et grossiers
De cette dernière contrée,
A cette famille éplorée
Long-temps fermèrent leurs foyers :
Mais l'immortelle souveraine,
Qui règne sur ces noirs frimats,
Sémiramis dans ses états,
Des beaux-arts est encor la reine.
Leurs plus beaux temples, de nos jours,
Sont sur la neige, et dans les glaces :
Catherine a dompté des ours ;
Alcide est moins fort que les graces.

On admire la plupart des villes d'Italie ;
et l'on seroit tenté de s'établir à Florence.
Cette ville surnommée *la Belle*, est traversée par l'Arno, et dans une situation
charmante. L'Arioste en trouvoit le

séjour préférable à celui de Rome, et l'Arioste étoit connoisseur. J'aime à penser qu'Isabelle, Angélique, et quelques autres héroïnes du Roland furieux sont les portraits des maîtresses que le galant Arioste eut à Florence, et dont les satyres et les éloges reviennent, tour-à-tour, et si souvent, dans son poëme immortel. Ce que les femmes de Florence étoient au siècle de l'Arioste, et même de Frédéric II, qui se consoloit avec elles du mauvais temps que lui faisoient passer Grégoire IX et Innocent IV, elles le sont encore aujourd'hui. Si Fontenelle avoit voyagé en Toscane, je dirois que c'est là qu'il écrivit ses églogues. Je dirois qu'il a modelé ses bergères sur les paysanes des environs de Florence. Le sang y est d'une beauté, d'une pureté, dont je n'ai vu d'exemple que dans quelques cantons de la Suisse. L'ajustement de ces paysanes est plein de grace et de coquetterie. C'est un juste, sans manches. Ce sont des rubans de diverses couleurs, qui, de l'épaulette, à laquelle ils sont attachés, pendent et voltigent, au gré du vent. C'est un jupon court, ordinairement de couleur écarlate. C'est un chapeau de paille, mis sur l'oreille, et garni de fleurs, comme les cheveux. Encore une fois ceux qui reprochent à Fontenelle la gentillesse de ses bergères, n'ont pas vu celles des environs de Florence.

> Le poëte, le peintre, et l'amant et l'époux,
> Trouvent dans ces belles campagnes,
> Des sites ravissans, un air pur, un ciel doux,
> Tous les biens en un mot ; et ce qui les vaut tous,
> L'amour et ses sœurs pour compagnes.

On bâille dans les grandes assemblées de Naples et de Rome ; on s'amuse dans celles de Florence. Elles se tiennent, presque toutes, au rez-de-chaussée, dans des appartemens, dont les portes et les fenêtres ouvrent sur de grands jardins.

Les dames de Florence jouent ; car, où ne joue-t-on pas ? Mais elles aiment à causer ; et, en général, leur conversation est vive, enjouée, pleine de sel et de finesse. Elles se croient vêtues à l'angloise; et ne savent pas que les Angloises leur portent les modes de France, qui changeant ainsi et de mains et de terroir, parviennent aux dames de Florence absolument dénaturées, et dans un état, qui feroit gémir les Gaussec et les Bertin. Je ne dirai pas que les mœurs soient plus pures à Florence qu'à Rome. Le goût du plaisir et l'esprit de galanterie y règnent également. Mais ce vernis trompeur, qu'on appelle décence, y est beaucoup plus commun; et c'est du moins un hommage extérieur rendu à l'honnêteté.

Que vous dirai-je du gouvernement de la Toscane ? Ce petit État fut florissant, tant qu'il fut libre. Il est tombé sous le joug d'un maître absolu ; il n'est plus rien. Ce n'est pas que le prince qui le gouverne aujourd'hui ne soit digne de servir de modèle à tous les souverains. La sagesse et la justice règnent dans ce moment sur la Toscane. Elle bénira la mémoire de Léopold ; mais un jour Léopold ne sera plus, et le pouvoir absolu vivra encore.

LETTRE XXX.

LES gens de lettres, qui font une étude particulière des langues, et qui veulent savoir, jusqu'à quel point la langue italienne est douce, riche et flexible, doivent s'arrêter quelque temps à Florence. L'idiome toscan est à l'italien ce que l'atticisme étoit au grec; et l'on sait que la Toscane fut redevable de la supériorité de son dialecte au prince de la poésie italienne, au Florentin le Dante ;

Qui du sein de la nuit profonde,
Où sommeilloient tous les talens,
De ses traits hardis et brillans
Tout-à-coup étonna le monde ;
Sut, Gibelin déterminé,
Venger de la fureur papale,
Et la puissance impériale,
Et son pays infortuné ;
Et, dans un poëme bizarre,
Mais plein de force et de grandeur,
Aux plus noirs flambeaux du Tartare,
Brûla cette indigne tiare,
Objet de scandale et d'horreur.

Il faudroit être bien peu versé dans l'histoire de ces temps malheureux, pour trouver ces expressions déplacées ; et bien injuste, pour ne pas convenir que les vertus paisibles des derniers pontifes méritent autant d'éloges que les vices de quelques-uns de leurs prédécesseurs ont mérité de flétrissures. La gloire du *Dante* est d'avoir été quelquefois un poëte sublime, au milieu d'une foule de scélérats barbares ; et son malheur,

d'avoir employé un génie mâle et vigoureux à peindre cette scélératesse , dont
lui-même avoit été la victime. Que ne
naissoit-il trois siecles plus tard , à cette
époque brillante que *le Tasse*, *Michel-*
Ange et *Raphaël* ont rendue si mémorable ; où *Galilée* soulevoit le rideau de
la nature, et *Machiavel* celui de la politique ; où l'esprit humain s'agitoit dans
tous les sens ; où des germes de philosophie
commençoient à se développer ; où le goût
éclairé des Médicis animoit les beaux-arts,
et formoit cette collection, non moins
admirable qu'immense , de statues , de
tableaux, de bustes, de bronzes antiques,
de bas-reliefs , de vases et de médailles,
à laquelle rien n'est comparable !

Un artiste célèbre me faisoit un jour
quelques questions sur la galerie de
Florence. Je lui répondis : Vous avez
beaucoup d'esprit et de goût ; vous avez
fait des ouvrages, qui ne dépareroient
pas les chefs-d'œuvre de cette grande

collection. Vous êtes versé dans l'histoire et la connoissance de l'antiquité. Allez à Florence ; restez-y trois mois ; visitez tous les jours la galerie des Médicis ; et à peine la connoîtrez-vous encore. Qu'on se représente deux ailes , chacune de près de cinq cents pieds de longueur , un corridor d'environ deux cents pieds ; et un vestibule digne de servir d'entrée à cet immense bâtiment. Qu'on se représente ce grand espace rempli de ce que Rome et la Grèce ont enfanté de plus précieux ; et qu'on ose ensuite me taxer d'exagération.

Vous m'avez vu au spectacle ; vous avez pu juger de la vivacité des impressions que j'y éprouve. Mais quel théâtre méritera d'être comparé à la galerie de Florence ? Où verra-t-on, en scène, un plus grand nombre de personnages célèbres ? et par quelle inconcevable magie feroit-on naître dans mon ame des sentimens plus vifs et plus variés , que ceux qui m'agitoient, tour-à-tour, en passant du lâche et barbare *Octave*, au vertueux *Cicéron* ; de *Faustine*, à *Sapho* ; de *Sophocle*, à *Tibère* ; de la licencieuse *Poppée*, à la modeste *Antonia* ; de *Sénèque*, à *Néron* ; du gourmand *Vitellius*, au sévère *Xénocrate* ; de *Titus* et de *Marc-Aurèle*, à *Commode* et à *Caraculla*? Je me tais pour avoir trop à dire ; et je vous renvoie aux jugemens du célèbre *Cochin*, que l'on trouve répétés, d'ailleurs, dans toutes ces compilations, appellées *voyages d'Italie*. Cependant, parmi mes notes, sur cette partie des miens, en voici une qui pourra vous intéresser. Michel-Ange, dont le génie actif et fécond ébaucha tant d'idées, avoit commencé un buste de Brutus. Ce morceau, tout informe qu'il est, se fait remarquer par le caractère de hardiesse, que ce grand homme imprimoit à toutes ses conceptions. Elle y respire déjà l'ame inflexible du meurtrier de César. Je ne sais quel voyageur

s'avisa

s'avisa de faire, sur l'état d'imperfection où Michel-Ange a laissé son ouvrage, deux vers latins, qu'on a gravés sous le buste ; en voici la traduction, qui, j'ose le dire, leur prête un peu de force :

(1) Ce marbre alloit parler. Tout-à-coup, le sculpteur
    Croit le voir teint de sang, et recule d'horreur.

Un Anglois repliqua, dans deux autres vers latins :

(2) Esclave, que dis-tu ? juge mieux un grand homme.
    Il craignoit d'affoiblir le bras qui vengea Rome.

Le même Anglois portoit, sur une cornaline, le buste de *Brutus*, et n'avoit pas d'autre cachet. On lisoit autour : *Sic audent Britanni ;* que l'on peut traduire ainsi :

Ce que Brutus osa, les Anglois l'ont osé.

Ou bien :

Et nous, Anglois, aussi, nous fûmes des Brutus.

---

(1) *Dum Bruti effigiem sculptor de marmore ducit ;*
    In mentem sceleris venit, & abstinuit.
(2) *Brutum effecisset sculptor ; sed mente recursat*
    Tanta viri virtus ; sistit et abstinuit.

Voilà bien l'impétuosité d'un républicain farouche, qui, sans doute, eût disputé à Brutus l'honneur de ce coup de poignard, et à *Cromwel*, la gloire d'envoyer son roi à l'échafaud. Ces sentimens ont rencontré des apologistes. Quant à moi, qui suis loin d'avoir l'ame d'un esclave,

> Je rends graces aux dieux de n'être pas Romain,
> Pour conserver encor quelque chose d'humain.

Et à moi aussi, madame, il m'échappa des vers, dans ce temple des beaux-arts; mais c'est par eux qu'ils me furent inspirés. Je n'étois pas assez malheureux, pour me repaître d'images de sang, devant les chefs-d'œuvre antiques, qui se disputoient mes hommages ; tels que le faune, le grouppe des lutteurs, le rémouleur qui écoute la conspiration de Brutus le jeune, la Vénus Uranie, et, sur-tout, cette autre Vénus incomparable, dont on a fait tant de copies. Elle s'élève au

(35)

milieu de ces prodiges de l'art, comme la fable représente la reine d'Amathonte, au milieu des Graces; ou telle qu'Hésiode la peint, quand, après avoir dégagé son beau corps de l'écume des mers, elle se présente à l'assemblée des dieux, et force Minerve et Junon de la reconnoître pour la mère des amours.

Brillant fils de Japhet, mortel audacieux,
Ah! que ne puis-je ici, dans l'ardeur qui m'embrase,
Dérober, comme toi, le pur flambeau des cieux!
Il seroit animé ce marbre précieux;
  Et, malgré l'aigle du Caucase,
De ma jeune Vénus reconnoissant la loi,
L'univers, à ses pieds, tomberoit avec moi.
  Ce globe immense, qui rassemble
Tant de religions, tant de cultes divers,
  N'auroit qu'un dieu, n'auroit qu'un temple;
Et les yeux étonnés verroient le grand exemple
D'une chaine d'amour, embraffant l'univers.
  Ah! pardonne-moi ce délire,
Tyran de mon esprit, froide et triste raison.
  Riante imagination,
Depuis long-temps, hélas! tu perdis ton empire;

Je le sais : il n'est plus de grande illusion.
Nous pensons, il est vrai, mais l'ennui nous accable :
Et cette vérité, dont on fait tant de bruit,
Puisqu'il faut l'embellir des attraits de la fable,
Ne vaut pas ce qu'elle a détruit.

On dit que l'empereur, frappé de la beauté de cette statue, exprima le même vœu, d'une manière très-spirituelle, en ajoutant qu'il faudroit animer, en même temps (1), l'Apollon du Belvedère,

------

(1) Que pourroit-on, qu'oseroit-on hasarder sur l'Apollon du Belvedère, après Winkelman ? Voici ce qu'il en dit dans son *Histoire de l'art*, et je voudrois bien restituer à ce morceau l'enthousiasme qui lui manque, dans la traduction d'Huber, d'ailleurs estimée, et digne de l'original.

De toutes les productions de l'art, qui ont échappé à la puissance du temps, l'Apollon du Belvedère est la plus sublime. L'artiste a conçu cet ouvrage sur l'idéal, et n'a employé de matière que ce qu'il en falloit, pour rendre sa pensée sensible..... Artiste, qui que tu sois, qui vas contempler ce chef-d'œuvre, écoute : Tu n'as qu'un seul moyen pour atteindre à sa sublime hauteur ; c'est de pénétrer dans l'empire des beautés incorporelles, et d'oublier, devant une nature vraiment céleste, et

pour que les deux extrêmes de la perfection, dans les deux sexes , pussent être unis, et la terre peuplée d'une succession d'êtres célestes.

---

la terre que tu habites , et les êtres périssables dont elle est peuplée ; car ici rien de mortel. Ce beau corps n'est ni échauffé par des veines , ni agité par des nerfs. Je ne sais quoi de subtil et d'aérien y circule , répandu comme un doux ruisseau...... Mais seroit-ce donc contre un vil serpent que le dieu auroit tendu, pour la première fois, son arc redoutable ? Non, cette victoire n'est pas digne de lui. J'applique son attitude à la défaite du géant Tithie, auquel il a porté le coup mortel, à l'instant où cet enfant de la terre alloit faire le dernier outrage à Latone. Voyez comme, de la hauteur de sa joie , son auguste regard s'étend au-delà de sa victoire , et pénètre dans l'infini. Voyez le dédain siéger sur ses lèvres : l'indignation qu'il respire gonfler ses narrines , et monter jusqu'à ses sourcils. Mais une paix inaltérable est empreinte sur son front; et son œil est plein de douceur , comme si le dieu se trouvoit au milieu des Muses, empressées à lui prodiguer leurs caresses..... Les beautés individuelles de tous les dieux sont réunies dans cette figure d'Apollon , comme dans la divine Pandore. Ce front est le front de Jupiter , renfermant la déesse de la sagesse ; ces yeux dans leur orbite ceintrée , sont les yeux de la reine des amours;

C 3

Dans la pièce, où les amateurs se prosternent devant la Vénus Médicis, est celle du Titien, le chef-d'œuvre de ce grand peintre. On dit qu'Auguste acheta, cinq cents mille livres, un tableau de Vénus Anadyomène : je doute qu'aucun souverain de l'Europe, excepté peut-être la Sémiramis du Nord, payât aussi cher la Vénus du Titien. Les connoisseurs prétendent qu'il n'existe pas une

---

et ces lèvres, le trône de la volupté..... A l'aspect de ce prodige de l'art, j'oublie tout l'univers ; je prends moi-même une attitude plus noble, pour le contempler plus dignement. De l'admiration je passe à l'extase. Je sens ma poitrine qui se dilate, et s'élève. Je suis transporté à Délos, et dans les bois sacrés de Lycie, lieux qu'Apollon honoroit de sa présence..... Mais que vois-je ? Non, je ne m'abuse pas. Ce marbre a reçu le mouvement, comme le reçut jadis la beauté qu'enfanta le ciseau de Pygmalion..... O immortel chef-d'œuvre ! les traits que je viens d'esquisser, je les dépose humblement à tes pieds. Ainsi ceux qui ne peuvent atteindre jusqu'à la divinité qu'ils révèrent, mettent à ses pieds la guirlande, dont ils auroient voulu la couronner.

semblable perfection de couleurs , une composition plus riche, un air de tête aussi ravissant. Lorsque Vénus caressoit Adonis, elle avoit ce regard enchanteur. D'autres, s'ils le peuvent, auront le courage de reprocher, à ce tableau, la licence avec laquelle il est traité. On dit que la figure charmante qu'il représente est le portrait fidéle d'une maîtresse du Titien. Elle est peinte couchée, tenant des fleurs d'une main , et laissant tomber l'autre, avec une molle négligence , sur la plus belle de toutes. Cette voluptueuse attitude me rappelle un inpromptu, qui fut fait devant moi, en moins de temps que vous n'en mettez à le lire. Un jeune étourdi osa défier une célèbre improvisatrice, de faire des vers sur la nudité de ce tableau. L'imagination, répondoit-elle sur le champ ,

De tous les dons du ciel est le plus précieux ;
Son prestige enchanteur pare la beauté même.
Ce que l'œil ne voit pas, le desir le voit mieux.

Offrez Psyché , sans voile , au regard curieux ;
Psyché même perdra de son charme suprême.
Vierge tendre et céleste , ame des doux plaisirs ,
O décence ! par toi l'amour croit et s'épure :
Ta réserve charmante excite les desirs ;
Et c'est en la voilant que tu sers la nature.

Cette traduction littérale , et faite vers pour vers , suffira pour vous donner une idée du singulier talent de ces improvisateurs , qu'on rencontre , assez fréquemment , en Italie ; et qui , sur des sujets proposés au hasard , font et chantent des vers , dont quelques - uns mériteroient l'impression. Ce n'est pas un des phénomènes le moins curieux de ces beaux climats.

Prévenons ici une observation , que vous ne manqueriez pas de faire , en faveur des modernes , dont je vous ai entendu quelquefois plaider la cause , avec l'esprit de la Motte , et la finesse de Fontenelle. Où est donc ici , pourriez-vous dire , cette supériorité si pro-

digieuse des anciens ? qu'ont-ils à opposer à ce tableau ? Ce qu'ils ont, madame ?
Ouvrez Lucien , à l'article *calomnie* ;
vous verrez bien autre chose qu'une
belle femme nue , attendant son amant,
sur un lit de roses ; vous verrez un tableau , dont les rois devroient multiplier
les copies autour d'eux ; vous verrez le
plus beau poéme , dont l'esprit humain
puisse se glorifier. Apelles avoit à représenter la *Calomnie* : qu'imagine-t-il ? Il
peint la *Crédulité* , sur le trône, avec les
longues oreilles que la fable donne à
Midas ; l'*Ignorance* et le *Soupçon* l'environnent. La *Crédulité* tend la main à
la *Calomnie* , qui s'avance , vers elle , le
visage emflammé : cette figure principale occupe le milieu du tableau. Elle
secoue une torche d'une main , et de
l'autre traîne l'*Innocence* par les cheveux. Cette derniere est representée sous
la forme d'un jeune et bel enfant , qui
lève les mains au ciel , et qui le prend

à témoin de l'injustice du traitement qu'il éprouve. Devant le monstre de la calomnie, marche l'*Envie*, l'Envie au teint livide, et au regard louche, accompagnée de la *Fraude* et de l'*Artifice*, dont la *Calomnie* emprunte le secours, pour paroître moins difforme. A une certaine distance, on distingue le *Repentir*, sous la figure d'une femme en deuil: ses habits sont déchirés ; elle est dans l'attitude du désespoir, et tourne ses yeux, baignés de larmes, vers la *Vérité*, qu'on apperçoit dans le lointain, et qui s'avance lentement sur les pas de la *Calomnie*.

Quelle poésie! quelle sublimité d'idées! quel traité de morale !

O Grecs ! ô mes divins modèles !
Et la toile, et le marbre, et les plus durs métaux,
Tout respire, en sortant de vos mains immortelles ;
Vous n'aurez jamais de rivaux.
Comme des astres de lumière,
Au centre des beaux-arts vous vous êtes placés ;

Quelques astres nouveaux , sur vos pas dispersés ,
Brillans de votre éclat , flottent dans la carrière ;
Mais tous à votre aspect pâlissent éclipsés.

LETTRE XXXI.

JE passois à Florence , dans le quartier *Santa Maria Novella* , où est située la maison du célèbre *Viviani* , disciple de *Galilée* , et disciple digne d'un tel maître. Mon *Cicerone* n'eut pas besoin de me la faire remarquer. Je la reconnus , d'abord , au buste de Galilée , qui en décore le frontispice , et aux différens signes qui indiquent les découvertes de ce grand homme. On sait que ce monument de reconnoissance et d'admiration fut construit des bienfaits de Colbert , sous le nom de Louis XIV ; et il est bon de répéter que ce ministre immortel savoit doubler les graces dont il étoit le dispensateur , par la grace dont il ne manquoit jamais de les accompagner. *Le roi n'est pas votre souverain*, écrivoit-il au fils du célèbre *Vossius* ; *agréez qu'il soit votre bienfaiteur, en considération d'un nom que votre père a rendu illustre, et que vous continuez d'honorer.* O toi ! dont les talens supérieurs ont été appréciés par un orateur, qui n'a rien écrit de toi que ce qu'il avoit si bien commencé à prouver de lui-même ;

Toi qui, ma'gré Louvois, fis connoître à la France
Tant de moyens puissans de gloire et de bonheur ,
Et dont ce fier despote abrégea l'existence ;
Martyr du bien public, dont il fut destructeur ;
Dis-nous à quel foyer s'allumoit ton génie ,
Quand, des bords de la Seine au rivage indien ,
Du commerce expirant créateur et soutien ,
Ta grande ame aux beaux-arts rendoit encor la vie.
Tu parlois ; et soudain, tout naissoit à ta voix.
On admiroit Louis ; on craignoit sa puissance.
Louis étoit l'envie et la terreur des rois.

La mer de ses vaisseaux portoit le poids immense.
Un fleuve d'or couloit sous ses heureuses loix.
Ce fleuve alloit chercher le Toscan, le Danois,
Etonnés et confus de tant de bienfaisance.
O jours de notre gloire ! ô souvenir trop doux !
Où l'étranger illustre étoit pour nous un frère ;
Où quiconque pensoit, sembloit né parmi nous ;
Où de tous les talens Colbert étoit le père !

Si je me plais à payer au grand Colbert le tribut que l'on doit au génie, vous n'ignorez pas, d'ailleurs, quelle est mon opinion sur cette époque de notre histoire. Vous savez qu'il est loin de m'éblouir, cet éclat de gloire que les poètes et les orateurs ont vu dans Louis XIV. Ce nom, trop vanté par eux, se lie toujours dans ma pensée au dernier soupir de nos libertés ; à tous les genres d'oppression ; à un code raisonné de tyrannie ; à l'horrible abus des lettres de cachet, érigées en loi ; à l'invasion de la Hollande ; à l'embrasement du Palatinat ; à la révocation de l'édit de Nantes ; à la haine trop juste qu'avoit inspirée à toutes les nations ce despote ignorant et vain, qui fut conduit dans l'âge de la force par l'orgueil, et par le bigotisme dans sa vieillesse; et dont on peut dire, qu'il reçut bien plus le mouvement de son siècle qu'il ne le détermina. Qu'importe à l'équitable postérité qu'il ait reconnu ses torts, quand il ne pouvoit plus les réparer ? Une vaine représentation de théâtre, au lit de la mort, suffit-elle donc pour faire oublier cinquante années d'injustice et d'erreurs ? Je crois que Pline le jeune, qui mit tant d'esprit à louer Trajan, seroit jaloux de la manière dont Voltaire a loué Louis XIV. Mais je crois aussi que le philosophe, qui auroit les talens de Voltaire, feroit, contre son héros, un ouvrage bien supérieur au siècle de Louis XIV.

Je vous ai nommé *Viviani*. Me pardonneriez-vous de ne pas rendre hommage à son maître, au Florentin *Galilée,* qui joignit au mérite d'être le restaurateur de l'astronomie, celui d'écrire comme Platon, et d'avoir, comme on l'a dit avant moi, sur le philosophe grec, l'avantage incomparable de ne dire que des choses certaines et intelligibles? Galilée n'en prouva pas moins combien la raison est à plaindre, quand le pouvoir de la juger est remis aux mains de l'ignorance et du fanatisme. *Pythagore*, *Héraclite* de Pont, et *Copernic*, avoient dit, avant lui, que le soleil est immobile, au centre du monde. C'étoit donc un système ancien que celui de la rotation du soleil sur lui-même, et du mouvement de la terre autour de cet astre; mais Galilée démontra ce qu'on n'avoit fait que soupçonner; et comme cette démonstration contredisoit le fameux mot de Josué, *arrête-toi, soleil*, le sage Galilée fut cité à l'inquisition. Il représenta modestement à ses juges, qu'il étoit bien vraisemblable que Josué, qui savoit tout, ne s'étoit servi de l'hypothèse qui place la terre au centre du systéme planétaire, et fait tourner le soleil autour d'elle, que pour se proportionner à l'ignorance et à la grossièreté de ses auditeurs. Il osa même ajouter, que si l'on prenoit à la lettre toutes les assertions de l'écriture sainte. Il faudroit croire, par exemple, que la lumière est un corps indépendant du soleil; il alloit entrer dans une explication de son systéme astronomique;

> Mais la menace de la mort,
> Raison dernière et sans replique,
> Des tyrans et du fanatique,
> Lui démontra qu'il avoit tort,
> Et qu'il n'étoit qu'un hérétique.
> Il fallut dire, en rougissant,
> Que notre globe est immobile ;
> Que Josué fut un savant,
> Et Copernic un imbécille.
> Aux pieds du grand-inquisiteur,
> Il fallut briser sa lunette,
> Son astrolabe et son secteur ;
> De la contribution parfaite,

Faire

Faire un acte publiquement ;
Et des psaumes du pénitent
Jurer d'observer la recette.
Tous les goupillons du couvent,
Par un déluge d'eau salée,
Achevèrent bien et dûment
De purifier Galilée.
Hélas ! qu'il dût être confus,
En sortant des mains de l'église !
Mais falloit-il, par des refus,
S'exposer au sort de *Jean Hus*,
Ce champion de la sottise,
Brûlé par d'autres sots en *us* ?

Vous riez de cet excès de démence, qui soumettoit un homme, tel que Galilée, au jugement de quelques idiots en capuchon ; et vous ne concevez pas que cette démence puisse aller plus loin. Cependant elle n'étoit pas encore à son comble. Les théologiens, qui avoient tourmenté l'infortuné Galilée pendant sa vie, coururent encore sur son cadavre, et s'y acharnèrent comme des corbeaux dévorans. Après avoir passé près

Tome II.   D

de six années dans les cachots de l'inquisition, de retour à Florence, où il mourut, les moines et les prêtres de cette ville agitèrent si un hérétique, violemment soupçonné d'avoir été relaps, pour parler leur langue, devoit jouir des honneurs de la terre sainte ; et le contraire fut décidé. On jeta donc le corps du sage Galilée dans le coin d'une place publique de Florence ; et il ne fallut pas moins que la médiation, et le ton imposant de Louis XIV, pour que les intentions de Viviani pussent être remplies, et les vains honneurs d'un mausolée, rendus à la cendre d'un grand homme. On est partagé entre l'indignation, l'horreur et la pitié, qu'inspirent des traits semblables. Félicitons-nous d'être nés dans un siècle de lumière et de raison. Mais n'oublions pas ce que nous étions nous-mêmes, dans le siècle dernier. N'oublions pas qu'ils fument encore, autour de nous, les bûchers qui

ont consumé le prêtre *Grandier*, et l'infortuné *Galigaï*. Si les juges qui con-
damnèrent Galilée, étoient ignorans et
fanatiques, ceux du curé de Loudun, et
de la maréchale d'Ancre, n'étoient pas
moins ignorans, et furent plus impi-
toyables. Enfin, si la veuve de Galilée,
quoique femme d'un sage, fut assez foible pour remettre à son confesseur plusieurs écrits du philosophe, que le prêtre
jeta au feu; songeons que, de nos jours,
tous les papiers de notre célèbre Montesquieu, auroient été brûlés, quelques
instans avant sa mort, sans madame la
duchesse d'Aiguillon, qui les arracha
des mains d'un jésuite, de ce même jésuite, qui supposa, depuis, une lettre si
ridicule de ce grand homme, au nonce
du pape à Paris.

> Un petit bout d'oreille , échappé par malheur,
> Découvrit la fourbe et l'erreur.

LETTRE XXXII.

JE suis comme l'*Arioste* ; je ne peux me taire de Florence, même après l'avoir quittée. J'ai oublié d'observer, qu'entre un grand nombre de gens célèbres, dont cette ville fut la patrie, elle a donné le jour à *Guichardin*, le Thucydide de l'Italie ; et à *Machiavel*, cet homme de génie, trop mal entendu, sans doute, et calomnié, à l'envi, par trop d'écrivains superficiels, qui louent et condamnent sur parole. On auroit dû réfléchir que l'homme qui avoit risqué sa vie, en s'opposant au despotisme des tyrans de son pays, n'avoit pu faire sérieusement l'éloge de la tyrannie. Le Scythe *Anacharsis* comparoit aux toiles d'araignées, qui ne prennent que les mouches, les loix, que tant de souverains violent avec impunité. C'est ce que *Machiavel* insinue dans son fameux *Traité du prince*, où, en feignant d'être l'apologiste de la tyrannie, il en fait le tableau le plus effrayant. Le judicieux Bayle a observé que ce ne fut pas Machiavel qui donna aux souverains les principes d'une politique détestable, mais que ce furent les princes, et sur-tout les princes de son temps, qui apprirent à Machiavel ce qu'il a écrit. Il avoit, sous les yeux, dans les petites républiques de Lucques et de Saint-Marin, des preuves sensibles que le bonheur des hommes, et la sùreté des états, étoient fondés sur d'autres prin cipes que ceux de son idole, le duc de Valentinois.

Saint-Marin fixa l'attention du sage *Addisson*. Tout fier qu'il se montroit d'être né Anglois, on sent que le peintre de Caton se seroit encore honoré du titre de citoyen de Saint-Marin. C'est que la démocratie pure et simple, qui ne peut convenir qu'à un très-petit état, n'a pas subi, à Saint-Marin, la plus légère altération ; c'est que son citoyen ne voit, au-dessus de lui, que la loi qu'il a faite lui-même ; et qu'il sent que sa liberté dépend de l'exécution de cette loi ; c'est que du rocher, où il s'assied, il jette un œil de mépris sur les campagnes peuplées d'esclaves, dont sa montagne est environnée. Je te salue donc, ô montagne de Saint-Marin ! et je te salue avec respect ; quoique ta souveraineté soit bornée à ta petite circonférence, et ta population à une poignée de citoyens.

Depuis plus de mille ans que tu vois l'Italie,
En proie à la fureur de ses tyrans divers,
Tu lèves, fièrement, aux yeux de l'univers,
Ta tête toujours noble, et jamais avilie.
Fortunés montagnards, généreux citoyens,
Laissez rire les sots de vos foibles moyens.
Ah ! quand de Liliput vous auriez l'existence,
Qui nait libre, et meurt libre, a connu les vrais biens.
Qui n'eût jamais de maître, eut assez de puissance.

Le peuple de Lucques sembleroit devoir être moins libre que celui de Saint-Marin, par la forme purement aristocratique de son gouvernement. Cependant il y a peu de pays, sur la terre, où l'homme jouisse d'une plus grande sûreté, dans sa personne et dans ses biens ; où le particulier soit mieux protégé de la force commune, et la moindre atteinte à la loi rendue plus difficile ; enfin, où l'on trouve plus d'égalité entre les citoyens : non, cette égalité rigoureuse et absolue, qui n'existe pas même à Saint-Marin ; qui est une chimère absurde dans les grands états ; et par-tout, sans doute, une impossibilité morale et physique, puisque par-tout la nature enfante la force et la foiblesse, l'esprit et la sottise ; mais cette égalité civile, fruit précieux de la liberté personnelle ; mais cet ordre social qui confond le patricien et le plébéien, aux yeux de la loi, avec le même droit de faire ce qu'elle permet,

D 4

et la même impossibilité de faire ce qu'elle défend.

Liberta. Ce beau mot est écrit sur la porte de Lucques. Vous le voyez là, en lettres d'or, me dit le gonfalonier, alors en exercice ; il est dans nos cœurs, en lettres de feu. Je crus être à Sparte.

Les trois quarts des citoyens de Lucques ignorent que ce fut dans leur capitale, que *César*, *Crassus* et *Pompée* conclurent et signèrent leur fameuse association de brigandage ; ils ne savent pas que la liberté, dont ils jouissent, a pris naissance dans le berceau même du triumvirat. Ce rapprochement singulier, ne peut manquer d'être fait par les membres instruits de ce petit état. Avec quel plaisir ils doivent se dire !

Le voilà ce rivage, où trois fiers conquérans
S'arrangèrent, entre eux, pour partager le monde ;
Où le Romain, frappé d'une terreur profonde,
N'eut pas même le choix des fers et des tyrans !
On y vit aujourd'hui libre, heureux et tranquille.

A peine y pense-t-on qu'il existe des rois.
D'une paix éternelle, et des plus sages loix,
Le camp des triumvirs est devenu l'asyle.
C'est ainsi qu'à Ravenne on trouve des bergers ;
On danse, on se repose, à l'ombre des vergers ;
On va cueillir des fleurs ; on assiste à des fêtes,
Sur le sol, que couvrit l'élément des tempêtes.

Après avoir arrêté vos yeux sur la sagesse et le bonheur, j'ai presque honte de vous parler du *Volto Santo*. Mais Lucques se trouve en Italie ; il faut bien lui pardonner de sentir un peu le terroir. Ce *Volto Santo* est un crucifix miraculeux, devant lequel brûlent, nuit et jour, trois ou quatre douzaines de grosses lampes d'argent. J'ai oublié son histoire ; mais je me rappelle parfaitement, que le salut de la république est attaché à sa conservation. Ce *palladium* de Lucques est l'ouvrage de Nicodéme : on a imprimé dernièrement un gros livre, qui le prouve invinciblement ; mais je me presse d'ajouter qu'on faisoit en même temps , à Lucques , une édition du Dictionnaire encyclopédique. Je félicitai quelques membres du sénat, sur ce fruit précieux de leur sage gouvernement. La liberté de penser est une suite nécessaire de la liberté civile et politique.

A propos de liberté de penser , voici une remarque singulière , que j'eus occasion de faire, en passant à Bologne. J'étois à la campagne , chez le jeune sénateur *albergatti Capacelli*, connu en France , par une lettre assez curieuse que Voltaire lui a adressée ; et en Italie, par son goût pour les arts , et sa passion pour le théâtre. On venoit de traduire la Sémiramis de ce grand poëte ; et il donnoit, chez lui, la première représentation de cette tragédie. Dans une salle de spectacle très-agréablement décorée , je trouvai la plupart des académiciens de l'institut, des sénateurs de Bologne, et des femmes connues de cette ville. De trois cents spectateurs , au moins ,

qui attendoient qu'on levât la toile , plus
de la moitié lisoit une brochure , qu'à
son format , et à la couleur du papier qui
la couvroit , je jugeai devoir être la
même. Mon voisin , qui devina ma curiosité , m'apprit que cette brochure étoit
le petit traité de Voltaire , en faveur de
la tolérance.

Quoi ! m'écriai-je ! ô sénateurs !
A Bologne , en terre papale ,
Cette tolérance infernale
Rencontre aussi des défenseurs !
Quoi ! vous ! dont le dogme si sage
Est, *point de salut loin de nous*,
Qui croyez que le ciel jaloux
Ne peut recevoir qu'un hommage,
Vous voudriez les souffrir tous !
Je le vois trop. Oui , le déisme
Est un arbre prodigieux ,
Dont les rameaux audacieux
Ombragent le catholicisme.
Faut-il te voir par-tout suivi ,
Affreux système du théisme ?
Et faut-il que par le papisme
Le pape soit si mal servi ?

Ah ! monsieur, me répondit, d'un air plaisamment sérieux, mon officieux voisin ; vous dites plus vrai que vous ne pensez, peut-être. On ne fait pas tant de bruit en Italie, mais on n'y vaut pas mieux qu'en France. Vous semez légèrement des semences d'incrédulité, qui viennent germer dans nos têtes. C'est en Italie, monsieur, et je le dis en gémissant, c'est en Italie que couve le feu, qui doit produire un embrasement général. N'est-ce pas Mithridate, qui dit dans votre Racine ?

Tes plus grands ennemis, Rome, sont à tes portes.

Ce vers m'a toujours paru d'une vérité désespérante. Les prophéties de mon Bolonois, que sa piété alarme, j'espère, mal-à-propros, furent interrompues par l'arrivée d'*Arsace* et de *Mytrane*. Leur manière de déclamer me déplut ; mais la Sémiramis italienne m'enchanta. J'admirai la facilité avec laquelle le tra-

ducteur avoit rendu chaque vers, par
un vers, que la nature elle-même sembloit avoir fait. Tout effrayé que j'étois
de la liberté de penser des Bolonois,
je les félicitai de leur goût pour les
sciences et les lettres; et je partis pour
Venise.

LETTRE XXXIII.

LA situation de Venise et son gouvernement rendent cette ville une des
plus curieuses de l'Italie. Environ deux
cents îles la composent, et quatre cents
trente-deux ponts les réunissent.

> Du sein des ondes mugissantes,
> S'élève dans les airs cette grande cité.
> L'œil, moins ravi d'abord qu'il n'est épouvanté,
> Voit du *Palladio* les maisons éclatantes,
> Assises sur le dos de Neptune irrité,
> Et bravant tout l'effort des vagues menaçantes.

Les banderoles des vaisseaux,

Au gré des vents abandonnées,

Autour de ces maisons voltigent étonnées.

Quels bras ont jeté sur les eaux

Ces temples , ces jardins, ces palais magnifiques ?

Quelle base ont ces tours , ces superbes portiques ?

Quels êtres ont créé ces prodiges nouveaux ?

Qu'on ne me vante plus Gènes, Florence et Rome.

Les chefs-d'œuvre de l'art, qu'on admire en ces lieux ,

Ne sont que l'ouvrage de l'homme ;

Et Venise , sans doute, est l'ouvrage des dieux.

Tout pauvre que je suis , je ne vole personne ; et je rends à *Sannazar*, ce qui lui appartient. Ces quatre derniers vers sont imités des six vers latins, qu'il fit à la gloire de Venise , qui l'en récompensa, par une gratification de six mille sequins. J'ignore si en faisant tomber Venise du ciel , *Sannazar* prétendit aussi en faire descendre le gouvernement. Quant à moi , je dirai de cette constitution politique ce qu'on a dit des loix de *Dracon* , qu'elles ne furent pas écrites avec de l'encre , mais avec du sang. L'aristocratie de Venise, n'est en effet qu'un despotisme formidable. Les nobles y sont tout, et le peuple rien : la législation, le pouvoir exécutif, et celui de juger, tout est réuni dans la main des sénateurs. Si la paix et le silence règnent à Venise, c'est le silence et la paix des tombeaux. Les tyrans qui y règnent, ajoutent aux horreurs de l'oppression, celle de défendre une plainte, un soupir. Là, dit le philosophe Montesquieu, une bouche de pierre s'ouvre à tout délateur. Semblable au loup vorace, qu'attire l'odeur d'un cadavre, on voit la tyrannie inquiète et soupçonneuse roder sans cesse autour de ces bouches redoutables, où le délateur va jeter son billet de proscription. J'ai osé dire à Venise, et on y est convenu avec moi, que son inquisition d'état étoit pire que l'inquisition, en Espagne. Ce monstrueux tribunal est composé de trois membres, dont le pouvoir est sans bornes. Leur maxime fondamentale est qu'il faut souvent prononcer la peine, avant d'examiner la faute. Gardiens des clefs, qui ouvrent les bouches de pierre, et disposant, à volonté, de la foule d'espions que le sénat entretient à Venise, quel citoyen peut y dormir en paix, quand il pense que ces redoutables triumvirs, sans être tenus de rendre compte de leurs jugemens, peuvent, dans le silence de la nuit, et sans forme ni procédure, arracher de son lit le personnage le plus considérable de Venise, un procurateur, le doge lui-même; et le faire jeter dans le grand canal ? Nobles Vénitiens, votre origine est, sans contredit, très-ancienne; vos familles électorales remontent incontestablement à l'époque du septième siècle; et je n'en remercie pas moins le ciel de ce qu'il ne m'a pas fait naître digne d'épouser la mer.

L'objet du sénat de Venise, dans l'établissement

l'établissement des inquisiteus d'état,
avoit été de prévenir le pouvoir exor-
bitant de ses propres membres, et de
protéger l'aristocratie, contre les aristo-
crates. Ces inquisiteurs, dit l'auteur de
l'Esprit des loix, sont une magistrature
terrible, qui ramène violemment l'état
à la liberté. Oui, sans doute; et qu'en
conclure? sinon que les Vénitiens souf-
frent le joug de trois abominables des-
potes, pour ne pas devenir la proie du
despotisme.

Le philosophe, qui réfléchit dans son
cabinet, sur l'étrange constitution de ce
gouvernement, croit voir, dans les Vénitiens, autant de *Damoclès*, à la table
de *Denys*. Eh bien! telle est, sur l'homme,
l'empire de l'habitude, que le Vénitien
se lève; prend son masque; se rend chez
sa maîtresse; se promène avec elle à la
place de Saint-Marc; la conduit, au sortir du spectacle, dans son joli cazin; et
s'endort, paisiblement, sans avoir pensé

une seule fois, dans la journée, aux inquisiteurs d'état. Et vous-même, me dit
un jour le ministre de Hollande, à Venise, ne dormez-vous pas à côté de la
bastille ? Oui, lui répondis-je, sous une
administration douce et juste; sous un
monarque qui sait que le maintien des
loix est le plus ferme appui du trône,
et qui pense que leur premier objet est
la sûreté individuelle. Mais placez, demain, Louis XI sur le trône; et je pars;
non pour Amsterdam, dont le climat me
déplaît; mais pour Philadelphie, où je
ne trouverai point de stadhouder.

Si trois mains de fer tiennent le ressort
politique, à Venise, dans une tension
cruelle; s'il faut attribuer à la violence
de son gouvernement la longue durée,
dont il se vante, on sait que le même
principe lui donna la naissance. La violence opéra, dans les lagunes de Venise,
ce qu'elle fit depuis, au sein des Alpes,
dans les marais de la Hollande, et

ce qu'elle vient d'achever en Amérique. Les hordes barbares , qui ravagèrent l'Italie, au cinquième siècle, chassoient devant elles les peuples épouvantés , comme un vent impétueux balaie le sable et la poussière. Quelques malheureux , échappés à ces débordemens des Palus méotides , vinrent se réfugier dans les lagunes de la mer Adriatique ; et s'y cachèrent, comme les Alcyons , dans des cabanes de roseaux. Voilà le point d'où Venise est partie. Il y a loin , sans doute , de ces marchands de sel , au rôle brillant que joua leur postérité, vers ces temps , où le fanatisme des croisades sembloit vouloir jeter l'Europe sur l'Asie, et les anéantir l'une par l'autre ; ou d'un bout de l'Europe à l'autre ,

> Le chrétien , sur la foi d'un Moïse nouveau ,
> Désertoit son pays, pour la terre promise ;
> Trouvoit , en arrivant , des fers ou le tombeau ;
> Et maudissoit Bernard , comme l'hébreu Moïse.

Barthelemi Diaz , en doublant le

cap de Bonne-Espérance, ouvrit de nouvelles routes au commerce des Indes ;
et porta un coup mortel à celui des Vénitiens, par Alexandrie.

Tyr est détruite, et Rome n'eut qu'un temps.
Le tien n'est plus, ô superbe Venise !
Reine des mers, Amphitrite surprise,
Voyoit jadis tes pavillons flottans,
Du pont Euxin, à la mer de Provence,
Braver les rois, enchaîner les destins,
Et dans tes ports amener l'abondance.
Toujours des mers les hardis souverains
Des nations ont tenu la balance.
Le Portugais l'arracha de tes mains.
Le fier Anglois, qu'aveugle sa fortune,
Tient aujourd'hui le trident de Neptune.
Il est ardent, il est audacieux.
Tremble, qu'épris d'une coupable flamme,
Sur tes attraits il ne jette les yeux,
Et que du doge il n'enlève la femme.

C'est une plaisanterie que je fis à un
Anglois, plein d'esprit et de connoissances, avec lequel j'assistois à la célé-

bration bizarre du mariage du doge , avec la mer Adriatique. Hélas ! me répondit-il avec finesse , les femmes, qui composent notre vaste harem , ne sont déjà que trop nombreuses. Que de peines et de tourmens pour entretenir la paix , au milieu de tant de femmes ! que de sottises nous allons faire pour elles dans le nouveau monde ! je doute que nous soyons jamais tentés de cette vieille Hélène ; elle peut dormir , en paix, dans les bras de son Ménélas.

J'arrivois à Venise , et mon Anglois y étoit depuis environ trois mois. Je lui demandai quelle idée il s'étoit faite des mœurs de cette ville. J'en suis fâché , me dit-il ; mais je suis sur ce point de l'avis de mon compatriote *Sharp*. Il avoit précisément, dans sa poche, les lettres de ce violent Aristarque , dont il me lut une satyre sanglante, sur la dépravation des mœurs vénitiennes. Voici, à peu près, le résumé de ce qu'il en dit, dans sa prose énergique et passionnée.

> Moi qui, né sur les bords de l'heureuse Tamise,
> Respecte de l'hymen les augustes liens ;
> Quel spectacle hideux, ô mes concitoyens !
> Etale à mes regards l'impudente Venise !
> Que l'hymen en ces lieux m'inspireroit d'effroi !
> Sous son voile sacré que d'horribles mystères !
> C'est ici que l'épouse, en promettant sa foi,
> Dans le fond de son cœur, fait des sermens contraires.
> C'est ici que l'époux voit naître, autour de lui,
> D'un amour scandaleux les fruits illégitimes ;
> Et que dans sa famille, étranger, sans appui,
> Père, sans être père, environné de crimes,
> Il cherche, dans le crime, un remède à l'ennui.
> C'est ici que la femme a perdu toute honte ;
> L'amour, son seul attrait ; l'homme, sa dignité ;
> Que l'on retrouve enfin, dans leur difformité,
> Les vices de Lampsaque et les mœurs d'Amathonte.

Ces reproches sont terribles ; et l'on seroit tenté de croire qu'ils ne sont pas exagérés, quand on apprend que la république de Vénise a souffert qu'on élevât un mausolée à l'*Arétin*, à ce poëte obscène, satyrique impudent, athée de profession ; et qu'elle n'a pas rendu cet honneur au vertueux *Fra-Paolo-Sarpi*, qui soutint les intérêts de sa patrie, avec un courage, digne des beaux jours de la Grèce, et l'éclaira, par sa belle histoire du concile de Trente. On sait que la cour de Rome, lui ayant ordonné de comparoître, son refus lui valut quinze coups de poignard. *Pascal* disoit qu'il étoit plus facile de trouver des moines que des raisons ; et les moines crurent, trop souvent, qu'il étoit plus court de trouver des poignards que des réponses.

E 4

LETTRE XXXIV.

Sɪ, comme on en convient assez généralement, l'Italie est le centre de l'irréligion, Venise en est le foyer; il m'a paru qu'on n'y faisoit pas même à la religion du pays l'honneur de la croire digne d'une discussion sérieuse. Les sénateurs, si réservés sur l'article du gouvernement, s'expliquent sur celui-ci de la manière la plus franche et la moins équivoque. C'est une anecdote connue qu'un étranger protestant, se trouvant dans l'église de Saint-Marc, au moment de l'élévation, restoit debout, à considérer je ne sais quelle peinture, ou quel monument. Un sénateur qui l'accompagnoit, le pria de ne pas choquer ainsi l'opinion publique. Mais, monsieur, dit l'étranger, je ne crois pas à cela.

Ni moi non plus, repliqua le sénateur ; mais bien à la nécessité de se conformer aux bienséances locales ; et les formes reçues à Venise, obligent, ou d'assister décemment à la messe, ou de sortir.

De cette hardiesse de principes, de la ruine du commerce, de l'état d'une constitution, qui ne permet aucune espérance à ce qui n'est pas noble, et qui mène le noble à tout, par le seul droit de sa naissance, il résulte une corruption de mœurs, véritablement effrayante ; elle se fait remarquer, sur-tout, dans la classe des moines et des prêtres. Je doute qu'il soit possible de porter plus loin l'audace, et l'effronterie du libertinage. *Rhodope*, qui, du produit de son infame métier, éleva, dit - on, une des pyramides d'Egypte ; et *Phriné*, qui, du même produit, vouloit réparer les murailles de Thèbes, étoient moins occupées, avec la jeunesse de leur temps, que les Rhodope et les Phriné de Venise, avec ses moines et ses ecclésiastiques. Mais je me presse de détourner vos regards de ces dégoûtans objets, pour les fixer sur un souper que je fis, dans un de ces petits temples, appellés *Cazins*, consacrés aux plaisirs de la noblesse vénitienne. Combien je dus être fier de cette marque de confiance ! On m'assura que j'étois le premier de ma nation, qui l'eût obtenue.

Au fond d'un jardin enchanté,
Moins grand que le jardin d'Armide,
Mais où la sensible beauté,
Par les mains de la volupté,
N'aiguise point de trait perfide ;
Le globe argenté de la nuit,
Qui rayonnoit dans le feuillage,
D'un délicieux hermitage,
M'offrit le paisible réduit.
C'est là que, depuis deux années,
L'Armide de ce beau séjour
Venoit, dans les bras de l'amour,
Couler le soir de ses journées.
Vif, ardent, comme au premier jour,
Son Renaud, dans la fleur de l'âge,

Avoit déposé dans mon cœur
Le secret du joli ménage.
On dit que cet aveu soulage ;
Et qu'on en sent mieux son bonheur,
Lorsque l'amitié le partage.
Deux autres couples assortis
Par la jeunesse et par les graces,
Et par les mêmes goûts unis,
Y suivirent bientôt nos traces.
L'amour, lui-même, a décoré
Tous les coins de cet hermitage.
Un lit, de glaces entouré,
Répète en tous sens son image ;
Et lui montre dans tous leurs jours,
Les lis, les roses et l'albâtre,
Et la fraîcheur, et les contours
De la Psyché qu'il idolâtre.
Par-tout sont peints, sur les lambris,
Les plus beaux traits de ses annales ;
Mars, folâtrant avec Cypris ;
Achille, aux pieds de Briséis ;
Les Cléopâtres ; les Omphales ;
Vénus, sur le sein d'Adonis ;
Et même, aux rives infernales,
Pluton, de Proserpine épris.
Mais les trois Graces sont à table ;
Et, dans des crystaux éclatans,

Nous versent , de leurs doigts charmans,
Des flots d'un nectar délectable.
Sur un théorbe harmonieux ,
Je vois voler la main d'Aglante ;
De sa voix légère et brillante
J'entends les sons mélodieux.
Bientôt les héros de la fête ,
De joie et d'amour transportés ,
Sous des ombrages écartés ,
S'en vont répéter , tête-à-tête ,
Les beaux airs qu'Aglante a chantés.
Moi seul , sans regret , sans envie,
Je quittai cette vive orgie ,
Où rien ne parloit à mon cœur.
J'y cherchois en vain le bonheur ;
Il m'attendoit près d'Eugénie.

Je partis, pour Vérone, avec un de nos convives. Nous étions sur le lac *Bénacus*, et le souvenir de ce délicieux souper le poursuivoit encore. Quelle heureuse disposition d'esprit , pour visiter les débris d'une maison que possédoit Catulle, sur les bords de ce lac, et dans laquelle, si l'on en juge par quelques-unes de ses poésies, il avoit fait plus d'un souper de cette espèce ! Le *Cicerone* du pays nous assura que quelques ruines, situées sur la rive orientale, étoient précisément celles de la maison de Catulle. Ne voilà-t-il pas que l'imagination, *cette grande embellisseuse de son métier*, rassemble ces débris couverts de ronces, les répare, et en compose cette maison charmante, à laquelle Catulle adressa de si jolis vers ? En voici une imitation très-libre, et faite rapidement sur les lieux mêmes.

O bois que j'ai plantés ! ô ma douce retraite !
Solitaires vallons, ombrages toujours frais,
    Aimable asyle de la paix,
Salut. Je vous revois ; mon ame est satisfaite.
Je suis donc loin de Rome ! Ah ! soyez les témoins
    Et les confidens de ma joie.
Qu'il est doux de trouver l'oubli de tous les soins,
Quand des sombres ennuis on fut long-temps la proie !
Je ne l'entendrai plus ce Crésus hébété,
    Dont la fatigante gaîté
Dans un rire éternel éclate et se déploie.

Je ne la verrai plus, cette triste beauté
    Qui m'étaloit sa dignité,
Dans un lit de brocard, sur des carreaux de soie.
Ah ! qu'ils sont bien plus doux dans leur simplicité,
    Ces lits de mousse et de fougère,
Où, dès ce soir, Lesbie à mon œil enchanté
    Présentera la volupté,
    Sous les habits d'une bergère !

Si jamais vous pouviez lire ces vers à quelque pédant, il ne manqueroit pas de crier à l'infidélité ; il jureroit qu'il ne reconnoît point Catulle à cette prétendue traduction. Je vous prierois de lui répondre, que je ne suis pourtant pas du nombre de ces traducteurs, dont une femme d'esprit disoit, qu'ils ressemblent à ces laquais, qui entendent et rendent précisément le contraire de ce que leurs maîtres ont dit; que si je n'ai pas traduit Catulle littéralement, j'ai dit ce qu'il a pensé ; que ceux de ces vers, qu'il n'a pas adressés à sa maison de *Sirmio*, je les adresse à la vôtre ; et qu'un pédant est trop heureux, qu'on daigne lui faire une si bonne réponse.

Ce pédant ne passeroit pas à Vérone, sans vous faire baiser les reliques de *Zénon;* et je n'ai pas besoin de vous avertir que ce Zénon-là, n'est pas celui des stoïciens. Son premier soin, en arrivant à Milan, seroit de vous présenter les tristes restes du vertueux *Charles Borromée*, comme si les Graces étoient faites pour descendre dans les tombeaux ! comme si le souvenir, ou le nom seul d'un homme de bien n'en faisoit pas plus à l'ame, que l'aspect hideux d'une momie noire et desséchée, d'un crâne pulvérisé par le temps ! Vous le verriez s'extasier encore devant le *Sacro Chiodo*, morceau de fer qui servit à attacher l'homme-Dieu sur la croix, et dont le lâche et superstitieux *Constantin* fit faire un mors pour son cheval de bataille. C'est avec ces graves fadaises, que tant de compilateurs ont fait des voyages

d'Italie , en se répétant les uns les autres , et en s'appesantissant sur des choses
qu'il vous faudroit oublier , si j'avois le
malheur de vous les apprendre. Vous
voyez même que je ne vous nomme pas
deux ou trois petits états , arrosés par
le Pô , qu'on traverse dans un jour , et
qui n'offrent rien de ce que vous aimez.
Esprit , mœurs , usages , police , religion ,
gouvernement , tout y a la même forme ,
le même caractère , le même visage ; ou ,
pour parler plus juste , tout cela n'a point
de physionomie. Il est difficile d'en avoir
une plus piquante que les îles Borromées ,
situées dans le lac Majeur.

Je pourrois vous faire deux descriptions contraires , et cependant également vraies , de l'*Isola-Bella*. Je pourrois vous dire : elle n'est pas digne de
lui être comparée , cette île enchantée
de Tinian , où le voyage de l'amiral
Anson vous avoit fait naître l'idée d'aller fonder une colonie. Isolée et perdue

dans

dans la mer du sud, elle n'a ni le cadre ravissant de l'*Isola-Bella*, ni le spectacle imposant et majestueux de la chaîne des Alpes, ni la richesse des côtes de la Lombardie et du Milanois, ni la navigation du lac Majeur; elle n'a ni une verdure plus animée, ni des eaux plus limpides, ni une plus grande variété de productions, ni des principes de volupté plus pénétrans, que ceux qui s'exhalent de toutes parts de l'*Isola-Bella*. Tinian est déserte; et l'*Isola-Bella* est peuplée d'habitans, qui semblent réaliser ce que la fable a dit des bergers d'Arcadie.

Ce tableau seroit très-exact; et je ne le serois pas moins, en vous disant: La nature avoit tout fait pour l'*Isle-Belle*; et le mauvais goût l'a dégradée. Une symétrie, bien compassée, y a détruit tout l'effet des scènes charmantes, que cette île offroit dans sa beauté primitive. Ses indignes possesseurs ont eu le malheur de substituer, à grands frais, de longues

Tome II.   F

terrasses, bien droites, à la douce irrégularité des pentes. Ils avoient devant eux de vastes pelouses que la nature avoit grouppées, avec son génie ordinaire. Le sable a pris la place de ces tapis de verdure; on a mis la cognée par-tout; et c'étoit de la meilleure foi du monde, que le maître du château me faisoit admirer le bel alignement des parterres et des allées d'orangers et de citronniers, à perte de vue. Il s'extasioit devant ces merveilles, tirées au cordeau; et me demandoit, très-sérieusement, pardon de n'avoir pas fait sauter encore un gros rocher pittoresque, et du plus grand effet. Ah! disois-je, en moi-même; rends graces aux dieux, de ce qu'ils ne m'ont pas donné la force d'Ajax, pour te le jeter à la tête.

Je me trouvois, précisément, à l'*Isola-Bella*, dans la situation où Xénophon nous représente le jeune Hercule entre la vertu et la volupté, se disputant le cœur du héros. J'étois, entre la Suisse et l'Italie, à une égale distance de l'une et de l'autre ; vivement attiré par la première, et ne regrettant pas moins vivement les délices de Capoue. Tout ce que j'avois vu, dans ce riant empire de l'imagination, se retraçoit à la mienne ; et tel étoit alors l'enthousiasme de ma tête poétique ; tel étoit mon délire, que loin déjà des bords de la Lombardie, et les distinguant à peine, au bout de l'horizon, je croyois entendre le génie de ces beaux lieux, me criant avec force :

Où portes-tu tes pas ? pourquoi fuir mes rivages ?
Quoi ! tu te dis l'amant des muses, des beaux-arts ;
Leur vif éclat ici brille de toutes parts ;
Et tu pars ; et tu fuis vers des climats sauvages !
De l'aurore au couchant, promène tes regards ;
Où diroit-on ailleurs ? ici naquit Horace,
Le Guide et Raphaël, Michel-Ange et le Tasse ?
Où verra-t-on jamais, dans un autre tableau,
Un accord plus heureux du riant et du beau,
Tant de noblesse, enfin, unie à tant de grace ?

Ah.! qui s'est pénétré, dans ces aimables lieux,

Et du bon goût moderne, et du génie antique,

Peut-il leur préférer le plaisir dangereux

D'aller de monts en monts, chez le peuple helvétique,

Dans des antres glacés, sur des rocs sourcilleux,

Contempler froidement l'orgueil démocratique ?

Laisse, dans ce dédale, errer le politique;

Et toi, livre ton ame aux arts consolateurs.

Ah ! ces arts, tu le sais, sont les fleurs de la vie.

Et les riches parfums, qu'exhale l'Italie,

T'appellent dans son sein pour moissonner ces fleurs.

Oui, sans doute : je sens tout le prix de ce que je perds. Je sais d'avance que la Suisse ne m'offrira ni l'amphithéâtre Flavien, ni la Rotonde, ni l'Apollon du Belvedère, ni le tableau de la transfiguration. Il se pourra même, que les abymes, qui environnent le mont Blanc, me fassent soupirer quelquefois vers les délicieuses grottes de Tarente. Je crois bien que le *ranz des vaches* me paroîtra moins mélodieux, que tel morceau de Pergolèze, ou de Jomelli. Mais je sais, en même temps, que la liberté, cette noble passion des grandes ames, et la vertu, cette science sublime des ames simples, m'attendent chez les Suisses. Ah! quoi qu'en dise l'aimable génie des beaux-arts, il faut voir l'Italie; il faut visiter la galerie des Médicis, et vivre, s'il est possible, au sein du bonheur et de l'innocence.

LETTRE XXXV.

Du faste, de la misère, et des panta-lonnades, voilà tout ce que j'ai trouvé en Italie, écrivoit milord Hervey à un de ses amis. Et vous, demandoit-on à un autre Anglois; qu'avez-vous vu en France? D'assez jolis esclaves, répondit-il, qui jouoient avec leurs chaînes. Et en Espagne? Des mendians orgueilleux. Les œuvres d'Hamilton renferment d'importantes remarques sur la Suisse. C'est là , dit - il ,

> Que le plus riant des vallons ,
> Au lieu de fournir des melons ,
> Est un honnête précipice ,
> Fertile en ronces , en chardons.
> L'on y respire entre des monts ,
> Au sommet desquels la genisse ,
> Le bœuf , la chèvre et les moutons
> Ne grimpent que par exercice ;
> Si fatigués , qu'ils ne sont bons ,
> Ni pour l'usage des maisons,
> Ni pour offrir en sacrifice.

Qu'un Suisse , de son côté , nous dise , en revenant d'Angleterre, qu'il n'a vu , dans ce pays si vanté , que des brouillards , le spléen et du pudding ; cette mauvaise plaisanterie sera-t-elle plus mauvaise que les autres ? et ne voilà-t-il pas de beaux résumés de voyages ?

J'opposerai des choses vraies, des sentimens honnêtes , de l'enthousiasme , peut-être, aux épigrammes du comte Hamilton.

Comment, avec une manière vive de voir et de sentir, résister à l'élan de l'imagination, devant les grands spectacles, que j'ai à vous présenter ? Eh ! qui pourroit les voir de sang - froid ? Ce n'est pas, de votre part, que je crains le reproche d'exaltation; reproche bannal, fait dans tous les temps, et dans tous les pays, à la hauteur des pensées, et à la noblesse des sentimens, par ces êtres médiocres, qui, pour conserver une idée honorable de leur stature, suivant l'expression de M. Necker, dont la stature est connue, s'efforcent de donner un air gigantesque à tout ce qui les surpasse. Vous savez trop bien que, s'il est des choses que tout l'art de l'éloquence et de la poésie ne pourroit agrandir, il en est qu'on ne sauroit exagérer. J'ai un autre sujet de crainte, qui malheureusement est plus fondé. La Suisse, ce nom, devenu si doux à mon oreille et à mon cœur, réveille dans moi un si grand nombre de sentimens, qui se pressent, se heurtent et se confondent, que je dois craindre la même confusion dans mon style et dans mes idées. Heureux du moins, si le désordre qui régnera, probablement, dans quelques endroits de mes lettres, vous représentoit, même foiblement, la sublimité de celui des Alpes ! Mais je suis loin de m'en flatter. Le sublime restera dans l'original, et le seul désordre passera dans la copie.

Je dois vous prévenir encore que cette légère ébauche de la Suisse ne sera pas plus une relation de voyage, que mes lettres précédentes. Tout a été dit sur la Suisse, par M. Cooxe, et sur-tout par son élégant traducteur. Leurs tableaux me feroient tomber la palette des mains, si j'avois la prétention de peindre dans le même genre. Mais ce sont des Raphaëls; et je ne suis qu'un petit paysagiste. Ils ont travaillé pour la gloire ; je borne la mienne à plaire

à mon amie, à un sourire d'approbation
de sa part ; à lui inspirer, en peignant
des cabanes suisses , le desir d'en habiter
une avec moi.

Et toi, bon Suisse , homme paisible et sage,
Sors, pour la voir, de ton humble séjour ;
A la vertu, qui vient te rendre hommage ,
Que la vertu rende hommage à son tour.
Abaissez-vous sous les pas d'Eugénie ,
Monts sourcilleux , que franchit autrefois
Le fier vainqueur de Canne et de Trébie ;
Et montrez-lui ce que peuvent les loix ,
Dans leur touchante et sublime harmonie.
Dans leurs hameaux , voyons ces rois pasteurs
Couler des jours , filés par l'innocence ,
Et préférer à la vaine opulence
L'activité , le travail et les mœurs.
Mortels heureux , et si dignes d'envie ,
Pourquoi faut-il qu'on n'ait jamais chanté
Ce vaillant Tell , honneur de sa patrie ,
Qui de vos murs chassa la tyrannie ,
Pour y placer la douce égalité ?
Qu'ai-je besoin qu'on peigne à ma mémoire
Du genre humain l'épouvantable histoire ?
Les cieux , armés pour combattre Satan ;

Le diable à Dieu disputant la victoire ;
Et les enfers, déchaînés contre Adam ?
Qu'ai-je besoin, sur les bords du Scamandre,
De voir cent rois ligués pour un jaloux ;
Hécube en pleurs ; Hector percé de coups ;
Troye abattue, et ses palais en cendre ?
O Calliope ! ô muse des guerriers !
Puisqu'il te faut du sang et du carnage ;
Vole à Morat. Descends sur ce rivage ;
Viens-y cueillir des faisceaux de lauriers.
Vois ces lauriers s'affermir et s'étendre ;
Et de leur tige ombrager, à jamais,
Tous les trésors, tous les biens que la paix,
Dans ses beaux jours, peut se plaire à répandre.
Rappelle-nous qu'ils sont le prix flatteur
De soixante ans de combats et de gloire.
Ah ! je permets qu'on chante la victoire,
Quand la victoire enfante le bonheur.

Comme je n'ai point assez d'haleine pour emboucher la trompette héroïque, je continuerai, modestement, à vous donner mes petits airs de flageolet ; et à mêler à ma prose quelques morceaux de poésie ; si toutefois on peut donner le nom de poésie à des vers, faits sans prétention, et trop facilement, sans doute, pour paroître faciles.

LETTRE XXXVI.

J'AI fini ma dernière lettre, sur l'Italie, en face du mont Saint-Gothard ; c'est par ce passage que je vais vous conduire en Suisse.

Il faut avoir traversé les plaines du Piémont et de la Lombardie ; il faut avoir passé quelques heures aux îles Borromées ; il faut s'être rassasié, s'il est possible, de la vue ravissante du lac Majeur, pour être saisi du contraste de ces rians objets, avec les horribles beautés qu'offre cette communication de l'Italie et de la Suisse. Toutes les combinaisons, toutes les ressources de l'art ; une patience infatigable ; un genre de hardiesse, après laquelle il n'y a rien, sont parvenus à ouvrir ce passage, que la nature avoit su rendre impraticable aux Bouquetins et aux Chamois. Cette route, devant laquelle disparoissent les plus étonnans ouvrages des Romains, n'a pas moins de vingt-cinq à trente lieues, à compter de la descente des Alpes, du côté de l'Italie, jusqu'à Altdorff, capitale du canton d'Uri. Jamais, j'ose le dire, on ne conçut rien, dans l'empire des fées, on n'exécuta rien de plus merveilleux. Par-tout où la nature n'a pas opposé des obstacles invincibles, le chemin est beau; et là, où les difficultés paroissoient presque insurmontables, il serpente, il court encore avec assez de grace et de liberté, le long des rochers, coupés à pic; il y continue, suspendu en saillie, et, de distance en distance, soutenu par des voûtes, sur d'épouvantables précipices. Arrive-t-il en face d'un rocher vertical ? Le rocher s'ouvre, en large aquéduc , dans l'épaisseur de la montagne. Rencontre-t-il un abyme, une de ces profondeurs effrayantes, où la nature semble dire à l'homme : Ici finit ton pouvoir ; arrête-toi là. Non, répond l'homme avec audace. N'ai-je pas établi des ponts de communication , entre des mondes, séparés par l'immensité des mers ? J'en jetterai un sur cet abyme. Il dit; et l'abyme est franchi. J'ai vu l'imagination des plus grands artistes s'épuiser , en conjectures , pour savoir comment avoit pu être construite une de ces arches miraculeuses , de soixante-quinze pieds d'ouverture, sous laquelle la Russ se précipite avec le fracas du tonnerre, à une profondeur qui fait tourner la tête. Ils ne comprenoient pas la possibilité d'un échafaudage en l'air ; et comme le peuple de ces montagnes, ils étoient tentés de croire que le diable seul avoit pu en être l'architecte.

C'est ici, c'est sur le *pont du diable*, en

face de la bruyante cataracte de la Russ,
au milieu des horreurs, vraiment fantas-
tiques à force d'être sublimes, dont on
est environné, qu'avec la hardiesse du
diable de Milton, et le pinceau fier et
vigoureux, qui osa nous peindre cette
figure colossale, il faudroit encore, saisi
de respect et d'étonnement, se recueillir
devant ce grand spectacle ; il faudroit
désespérer d'en donner même une foible
idée. C'est là que, respirant à peine,
accablé de tant de magnificence, et bou-
leversé moi-même au milieu de ce boule-
versement général, je me représentois
le génie de la peinture et de la poésie,
immobile et muet devant le génie de la
nature.

> Homme, si fier de tes pinceaux,
> De tes vers, de ton éloquence,
> Tais-toi. Devant ces grands tableaux,
> Le meilleur peintre est le silence.

Il y a des nuances dans le genre terrible

comme dans tous les autres ; et le sommet du Saint-Gothard, a son caractère particulier de terreur. Dans les labyrinthes inextricables de la chaîne des Alpes, l'attention est soutenue et partagée, entre une multitude d'objets, d'une inépuisable variété de formes et de modifications. Là, c'est un rocher d'une affreuse nudité ; c'est le noyau d'une montagne, opposant son squelette grisâtre et décharné aux flancs de la montagne voisine, habillée d'une majestueuse forêt. Plus loin, c'est une cataracte : vue de différens points, elle offre, dans l'espace de cinq cents pas, vingt cascades, dont pas une ne ressemble à l'autre ; elle tonne avec éclat, ou mugit sourdement dans les gouffres, où elle se précipite, suivant la coupe et la disposition des rochers, au travers desquels elle s'élance ; suivant le retentissement des monts et le renvoi des échos. Vous erriez, tristement, au milieu des débris du monde, quand tout-à-coup se déplöient , à votre œil fatigué de ces scènes d'aridité, une échappée de vallons et des tapis de verdure, où il se repose avec délices. Quelques cabanes paroissent çà et là; et le goût même ne les auroit pas mieux placées; quoique leur situation n'ait été déterminée que par de foibles couches de terre végétale, formées des dépouilles que la fonte des neiges enlève au sommet des montagnes, et que l'industrie fertilise à leur pied. Enfin, madame, au milieu de tous ces accidens de la nature, on la trouve presque toujours animée et sublime : on n'est pas seul dans ces immenses solitudes; il y a du bruit, du mouvement, de la vie; mais est-on parvenu au sommet du Saint-Gothard ?

> Quel affreux changement ! un silence éternel
> Règne sur cette plage , où la nature expire :
> C'est du sombre néant le formidable empire.
> C'est un séjour de mort, sans un être mortel.
> Jamais de mouvement. Jamais d'un doux ramage

Les

Les sons harmonieux n'y remplirent les airs.
Si le fier Aquilon, messager des hivers,
Y souffle quelquefois ; nul arbre, aucun feuillage
Ne l'annonce au regard. Par-tout, sur son passage
Il trouve le silence et l'immobilité.
De son souffle glacé le lugubre murmure,
De rochers en rochers, se propage et mugit ;
Unique et triste son que l'oreille entendit,
Et que dans ces deserts entendra la nature.

O nature ! que tu es admirable dans tes conceptions ! tu ne te contentes pas de faire de grandes choses ; tu les disposes encore de manière à présenter, aux ames ardentes et sensibles, le modèle du beau dans tous les genres. Je ne sais si je m'égare ; il se peut que mon enthousiasme, pour les montagnes, m'emporte au-delà des bornes du vrai ; mais je crois, mais je suis convaincu qu'il n'y a rien de beau, rien de noble, rien de sublime, qu'elles ne soient capables d'inspirer. Si je connoissois un philosophe qui eût osé concevoir l'idée d'une mo-

rale publique , et qui s'occupât de ce
grand acte de bienfaisance; croyez-moi,
lui dirois-je , fuyez le tumulte des villes,
abandonnez les plaines ; vous ne serez
jamais assez loin des pesantes exhalaisons
de la terre ; ni trop près de ces points
élevés du globe , où l'inexprimable pureté du ciel , qui les éclaire , ne tardera
pas à se communiquer à votre pensée.
N'est-ce pas à la contemplation des montagnes ? n'est-ce pas à l'étonnante cor-
respondance de leurs angles saillans et
rentrans, que la physique doit une des
plus ingénieuses théories de la terre ?
C'est sur leur front majestueux, qu'est
empreint le caractère de grandeur et de
fierté, qui respire dans les paysages des
Poussin, des Lorrain, des Annibal Car-
rache. Et toi, célèbre Longin , pardonne; il n'a manqué à ton traité du
sublime , que d'avoir été écrit au centre
des Alpes. Je les admire tes froids, tes
subtils commentateurs ; ils nous parlent

de contrastes, d'oppositions et d'anti-
thèses. Que tout cela est petit et misé-
rable, au milieu des montagnes ! ô vous
tous, partisans trop nombreux de cette
dernière figure, dont on abusera toujours dans les siècles de décadence ! voulez-vous un modèle d'antithèse ? voulez-
vous un bel exemple de l'opposition des
contraires ? transportez-vous au mont
Saint-Gothard ; errez, pendant quelques
heures, dans cette région de mort, que
je viens d'esquisser si foiblement. Vous
sentez-vous suffisamment pénétrés de sa
sublime horreur ? avancez lentement vers
les confins de ce Tartare ; et là, sans aucun objet intermédiaire, sans le moindre
passage d'une nuance à l'autre, sans la
moindre dégradation de teinte et de
couleur, entrez tout-à-coup dans l'Elysée, par une voûte souterraine de deux
cents pas de longueur, pratiquée dans
la montagne, qui sépare les deux empires. Non, dans le pays des enchan-

temens , il n'y eut jamais de coup de baguette semblable à celui-ci. On avoit comparé, avant moi, la vallée d'Urseren à l'Elysée ; et cette comparaison me parut d'autant plus juste, qu'avec la fraîcheur du printemps, et le doux murmure de la Russ, dont le cours, par-tout ailleurs si orageux et si bruyant, rappelle ici le cours tranquille du Léthé, cette vallée est d'une verdure un peu monotone, jusqu'aux collines qui l'environnent, et n'est point ornée, suivant l'élégante expression du traducteur de Coxe, de ces arbres, dont le feuillage mouvant anime la vue, et dont le frémissement donne un air de vie aux solitudes les plus désertes. Ce vallon, qui se trouve dans une opposition si douce et si subite avec l'effrayant Saint-Gothard , est donc aussi, lui, l'asyle du silence ; mais du silence où le sage aime à se recueillir ; où il est si doux de s'abandonner à une pensée, à un sentiment. J'y tombai insensiblement dans une rêverie, dont je doute qu'il soit possible de se défendre; et je crois qu'en traversant cette vallée, je devois ressembler assez bien à une ombre qui se promène dans l'Elysée.

> Ah ! venez tous dans ce séjour,
> Où le silence vous appelle,
> Cœurs infortunés, que l'amour
> Blessa d'une flèche cruelle......
> Que dis-je ? non, fuyez ces lieux.
> Redoutez l'air contagieux
> De leurs solitudes secrètes.
> L'aliment le plus dangereux,
> Pour un cœur tendre et malheureux,
> Seroit la paix de ces retraites.

LETTRE XXXVII.

On n'a pas fait quatre pas, en Suisse, qu'on est déjà frappé de l'influence des bonnes loix. Si je ne craignois pas de tomber dans le style précieux, le plus mauvais de tous, je dirois que la vallée d'Urseren est un vestibule, digne du beau temple de la liberté helvétique. Elle est meublée de quatre jolis villages, composant, à eux seuls, une espèce de république, qui a ses loix particulières, sa forme de gouvernement, ses magistrats et ses chefs. J'avois une lettre de recommandation pour un aubergiste. Cet homme, un des personnages les plus importans de la vallée, me tint, exactement, le discours suivant, en fort mauvais italien, que j'étois encore trop heureux qu'il parlât aussi mal.

« Je vous sais bon gré des sentimens
» d'estime que vous témoignez pour ce
» petit coin de la Suisse. Le sujet d'une
» monarchie absolue , qui connoît si
» bien les droits de l'homme , méritoit
» de naître dans une des cabanes de
» cette vallée. Cependant, écoutez-moi.
» Ma franchise doit répondre à la vôtre.
» Notre bonheur n'est pas aussi pur ,
» aussi complet que vous le pensez.
» Connoissez la plaie secrète de mon
» cœur. Nous sommes protégés. Ce mot
» n'a pas besoin d'explication ; il équi-
» vaut presque à celui de *maître* , qui
» doit écorcher la bouche. Toutes les
» fois que je jette les yeux sur les rem-
» parts inaccessibles qui me protègent ,
» je gémis d'avoir d'autres protecteurs ;
» je gémis de la seule pensée d'un appel
» au conseil souverain d'Uri. Je ne pense
» pas tranquillement à l'obligation ,
» où je me suis trouvé, de loger chez
» moi deux commissaires d'Altorff, qui

» nous furent envoyés, il y a quelques
» mois, pour juger un citoyen d'Urse-
» ren. Je sais trop qu'entre le degré
» de liberté, dont je jouis, et le fan-
» tôme de liberté, dont on jouit en
» France, il y a l'infini. Mais, enfin,
» je ne me sens pas dans un état d'indé-
» pendance absolue. Mais un juge d'Uri
» a le droit de prononcer, et vient pro-
» noncer effectivement sur la terre, où
» je respire. Mais Uri protège Urseren,
» et cela m'humilie. »

Que pensez-vous de cet orgueil républicain? de ce ton noble et fier dans
un petit aubergiste de village ? Que
dites-vous du fond de connoissances et
d'instruction, que ce discours suppose ?
Au reste, rien de plus commun que de
rencontrer, en Suisse, des paysans qui
pensent, et qui s'expriment ainsi. Je me
rappellerai toujours, avec le plus vif
intérêt, le séjour que j'ai fait chez un
montagnard de l'Appenzel; et j'espère

bien, en vous parlant de lui, dans le plus grand détail , vous faire partager mon estime pour le paysan des cantons démocratiques. Son étude étoit l'unique objet des courses pénibles que je faisois dans ses montagnes. J'ose dire qu'on ne peut payer trop cher la connoissance de ses mœurs, de son caractère, et de ses vertus sociales. Que le nom de paysan ne nuise donc pas à la juste idée que vous devez prendre de celui-ci. Oubliez le nôtre. Oubliez à quel point l'espèce humaine est avilie et dégradée, dans les trois quarts de l'Europe.

> Perdons-les un moment de vue,
> Ces funestes objets , ce spectacle hideux ,
> Sans doute encor présent à votre ame éperdue ;
> Une mère et son fils, dans des sillons fangeux,
> Attelés près d'un âne, à la même charrue.
> Ne voyons plus ce financier
> Qui, forcé, par état, de n'avoir point d'entrailles ,
> Fait vendre les lambeaux du pauvre journalier,
> Pour grossir d'un écu la récolte des tailles.

Hélas ! cet homme utile est né pour le malheur.
Du champ , qu'il a semé , sort pour lui la famine.
En proie à vingt tyrans , en proie à la rapine ,
    Marqué du sceau de l'oppresseur,
Il est bas et rampant ; il est foible et trompeur ;
Il a perdu les traits de sa noble origine.
Je les ai vus briller sur vos fronts généreux ,
O pâtres fortunés ! ô rois de vos montagnes !
Je ne pouvois quitter vos paisibles campagnes ,
    Où l'on ne voit que des heureux ;
Où l'homme , pénétré de sa haute importance ,
    Connoît ses droits, sa dignité ;
    Voit dans la loi sa sûreté ;
Pense , s'explique , agit, marche avec l'assurance
    D'un enfant de la liberté.

Pour des yeux exercés à l'observation, chaque canton de la Suisse offre, dans le physique et le moral de ses habitans, des nuances plus ou moins prononcées. Elles sont tranchantes, par exemple, entre le pasteur d'Appenzel et le républicain d'Uri ; entre ce dernier encore, et le montagnard d'Underwald, dont on s'accorde à vanter les vertus sociales ;

tandis que la fierté, l'audace, et je ne
sais quoi de farouche, caractérise les
citoyens d'Uri. On diroit que le sang
de *Warther-Furst* coule dans les veines
de ces derniers, et qu'ils ont, pour père
commun, ce fameux conspirateur, qui,
secondé de deux autres paysans de
Schwits et d'Underwald, posa, en
Suisse, les premières pierres du temple
de la liberté. Admirons ici la destinée
des choses humaines. Nous savons tous,
par cœur, l'histoire de ce triumvirat
exécrable, dont l'unique objet fut l'esclavage de Rome. Qui de nous sait les noms
de *Melchtal*, de *Von-Stauffen* et de
Warther-Furst, qui dans leur conspiration, pour briser le joug de fer, qui
écrasoit leur patrie, s'élevèrent, par leur
prudence et leur courage, au rang des
plus nobles défenseurs de l'humanité.
Ah! c'est trop ressembler à la canaille
de Londres et de Paris, qu'un spectacle
décent fait bâiller, et qui n'a jamais

assez joui de ceux de Tiburn et de la
grève. Permettez-moi donc de jeter un
coup - d'œil rapide sur l'origine du
bonheur, dont on jouit en Suisse ; et
d'attacher une guirlande de fleurs au
berceau de sa liberté.

LETTRE XXXVIII.

LES extrêmes se touchent; et presque toujours la liberté naquit des derniers attentats du despotisme. Voyez la république
romaine ; elle fut fondée par l'orgueil-
leuse insolence de Tarquin. L'exécrable
tyrannie des Génois n'auroit-elle pas
également fondé la république de Corse,
si la France n'avoit pas écrasé, de tout
le poids de sa puissance, cette poignée
de braves insulaires, qui demandoient
à vivre sous sa protection ; et ne devoient
pas attendre des fers, de la main qui

leur en donna. On sait que l'indépendance des Provinces-Unies fut due au
génie oppresseur de Philippe II ; et,
tout à l'heure encore, le despotisme de
l'Angleterre a déterminé le soulèvement,
et amené la liberté des colonies angloises
de l'Amérique. Si des pêcheurs de harengs
firent la loi au plus puissant monarque
de l'Europe, la maison d'Autriche la
reçut de trois.paysans. De trois paysans !
Ainsi le flocon de neige, dont un grain
de sable, détaché de la montagne, ou
l'aile d'une mouche a causé la chûte,
suffit pour former une de ces avalanches,
qui déracinent les arbres, engloutissent
des villages, et sont l'effroi du voyageur.

Les Suisses ont multiplié les images
faites pour éterniser le souvenir de ce
grand événement. Mon cœur palpita,
en entrant dans l'arsenal de Berne. On
y a placé la figure, en cire, de *Guillaume
Tell*, dans l'attitude d'un archer, qui

va décocher une flèche. Le malheureux père vise à la tête de son fils, dont la figure, également en cire, est à quelque distance de la sienne. Le tyran *Griszler* avoit ordonné que l'on mît une pomme, sur la tête de l'enfant ; et le père étoit condamné à l'abattre, d'un coup de flèche, sous peine, s'il désobéissoit, d'expirer, lui et son fils, dans les plus lents et les plus affreux supplices. *Tell* eût-il commis un de ces attentats, qui font frémir la nature, ce traitement auroit été, sans doute, le raffinement de l'atrocité ; et tout son crime étoit de n'avoir pas salué un bonnet de *Griszler*, que le monstre en démence avoit fait arborer au haut d'une perche, avec ordre de plier le genou, devant le bonnet, ou d'aller à la mort.

Et moi, je te salue, ô bonnet secourable !
Si tu couvris le chef du plus fou des tyrans,
   De quels fortunés changemens,
Tu devins dans ces lieux la cause mémorable !

C'est toi , qui du Suisse abattu
Ranimes soudain la vertu.
Tu lui rends tout-à-coup la fierté , le courage.
De vengeance, de haine , et d'horreur transporté,
De l'aigle des Césars brisant par-tout l'image,
Il appelle , à grands cris , une divinité ,
La terreur du despote, et l'idole du sage.
Elle arrive ; tout change ; et mon œil enchanté
Voit, sur un front, long-temps flétri par l'esclavage,
Le bonnet de la liberté.

Si la critique a élevé des doutes sur quelques circonstances de cette histoire, elle ne s'est pas permis d'en jeter un seul sur plus de soixante combats, soutenus par des paysans contre des grandes armées , et dont plusieurs tiennent du prodige. Rien ne ressemble plus au passage des Thermopiles , que le pas de Morgarten ; et aux victoires de Platée et de Marathon, que celles de Noeffels et de Morat. Remarquons , en passant, que les inscriptions suisses l'emportent sur la majestueuse simplicité des inscrip-

tions grecques. « Passant, vas dire à
» Lacédémone que trois cents Spartiates
» sont morts ici, pour obéir à ses saintes
» loix. » Cela est beau, sans doute; et,
comme l'a très-judicieusement remarqué
Jean-Jacques, il n'y a pas là de bel esprit. Pourquoi donc, à propos du laco-
nisme et de la noble simplicité que doivent avoir les inscriptions, le Suisse
Jean-Jacques oublia-t-il ces pierres du
canton de Glarus, lesquelles, pour toute
inscription, portent 1388; date à jamais mémorable de la bataille décisive
de Noeffels ? pourquoi n'a-t-il pas cité
ce tilleul célèbre, dont les branches
énormes, soutenues par des colonnes,
forment un ombrage immense autour de
la grande place de Fribourg ? J'admirois
ce prodige de végétation. Ne seroit-on
pas tenté de croire, dis-je à un vieux
magistrat de la ville, que cet arbre,
unique peut-être dans les quatre parties
du monde, atteste le bonheur de vivre

sous

sous le ciel de la liberté. « Oui , sans
» doute, me répondit-il, ce tilleul a vu
» assurer notre liberté, et nous espé-
» rons bien qu'il ne la verra pas finir.
» Vous croirez facilement que le cou-
» rier, qui nous apporta la nouvelle de
» la victoire de Morat, fut reçu comme
» un dieu. C'étoit un délire de bonheur,
» une ivresse de joie. Il avoit à la main
» un rameau de tilleul : on voulut qu'il
» conservât la mémoire de ce grand
» événement, et qu'il servît d'époque
» à la félicité publique ; on le planta,
» en 1476, avec une espèce de supers-
» tition et de culte religieux. Apporté
» par des mains victorieuses, et planté
» par des mains libres , pouvoit-il ne
» pas prospérer ? »

Et moi, dans le délire où j'étois égaré ,
L'hymen nous unissoit, respectable Eugénie.
Vous étiez née en Suisse ; elle étoit ma patrie.
Notre enfant folâtroit sous cet arbre sacré.
Quel charme , disiez-vous , à une voix attendrie,

Tome II.   H

Quel charme la patrie ajoute à mon amour ! .
O trop heureux enfant ! tu sentiras un jour
L'inestimable prix d'un si noble feuillage.
Je ne te verrois pas jouer sous son ombrage,
S'il couvroit un despote ; et si l'égalité,
Les mœurs, de bonnes loix, la paix, la liberté,
Des lieux, où tu naquis, n'étoient pas le partage.
Quel beau titre t'attend ! tu seras citoyen.
Tu seras libre. Hélas ! hors des lieux où nous sommes,
Je sens que de l'hymen j'aurois fui le lien.
O liberté ! sans toi, la vie est-elle un bien ?
Non, non. C'est à toi seule à mettre au jour des hommes.

J'aime à vous répéter en prose et en vers, et je ne vous aurai jamais dit assez, qu'une cabane suisse me paroîtroit plus douce, avec vous, que le plus beau palais à Rome, à Naples ou à Paris ; mais franchement, je n'en choisirois pas la situation dans le canton de Fribourg. Peu ou point de commerce ; aucune espèce d'industrie ; nul goût pour les belles-lettres et les beaux-arts ; toutes les petitesses, toutes les minuties d'un catholicisme outré ; de l'horreur et du mépris

pour tout ce qui n'est pas de cette commu-
nion ; je ne sais quoi d'austère et de mona-
cal, que j'ai remarqué dans les principaux
habitans de Fribourg ; il n'y a pas là de
quoi lui mériter la préférence. D'ailleurs,
je n'aime ni à dominer, ni à être dominé ;
et à Fribourg, comme dans toutes les
aristocraties, il faut être ou souverain
ou sujet. Retournons donc à nos heureuses démocraties : mais avant de vous
parler de leur constitution, ajoutons
quelques traits relatifs à leur établissement. Je les dois au vertueux et célèbre
Haller, qui sembloit se ranimer sur le
bord de la tombe, en parlant de sa chère
patrie.

H 2

LETTRE XXXIX.

GRISZLER étoit mort, d'un coup de flèche, de la main même de *Guillaume Tell*, et avoit été remplacé par *Landenberg*, dont le caractère ardent et vindicatif s'étoit déjà signalé par des actes de violence, et n'annonçoit pas un gouvernement plus équitable. Ce fut sous lui qu'éclata la conspiration : elle avoit été si bien conduite, que tous les forts d'Uri, d'Underwald et de Schwits, furent enlevés à la fois. La vue de ces véritables bastilles de la Suisse, mit le peuple en fureur ; il renversa ces honteux monumens de son esclavage, en dispersa les débris, et ne voulut pas qu'il restât le moindre vestige du pouvoir des empereurs, et de la tyrannie de leurs délégués. Dans de semblables dispositions,

que ne devoit pas craindre *Landenberg ?*
Représentez - vous cet homme en proie à
la populace révoltée de Londres, d'Amsterdam ou de Paris : il eût été massacré,
mis en pièces, et dévoré peut-être comme
le maréchal d'*Ancre*, bien moins coupable sans doute. Les Suisses, quoique
courbés depuis long-temps sous le despotisme, dont l'effet ordinaire est d'avi-
lir les ames, et de les rendre petites et
cruelles, les Suisses ne voulurent pas
cimenter les fondemens de leur bonheur,
par un sang vil, et répandu sans nécessité ; ils se contentèrent de conduire
Landenberg et ses satellites , un peu
au - delà des frontières de leur pays,
et l'un d'eux leur tint à peu près ce
discours :

« Nous avions des droits et des pri-
» viléges : vous les avez violés ; vous
» avez attenté à l'honneur de nos femmes
» et de nos filles ; vous avez traité, en
» bêtes de somme, les plus fidèles sujets

H 3

» de l'empire : le contrat social, qui
» nous unissoit à vous, est donc anéanti
» par vous-mêmes. Nos fers sont brisés,
» et vous êtes dans nos mains : mais
» rassurez-vous : nous ne sommes pas
» des bourreaux ; vous en trouverez
» assez dans les remords qui vous atten-
» dent, et dans le mépris des gens de
» bien. Partez donc ; et si la foi du ser-
» ment ne vous semble pas une vaine
» chimère, jurez que vous ne reparoîtrez
» jamais dans des lieux où l'on vous ab-
» horre, et où votre mémoire sera tou-
» jours en horreur. »

On a besoin de se rappeller que ce sont des paysans du XIVe siècle, qui parlent et agissent ainsi. On se croit transporté aux beaux jours de la Grèce, libre et triomphante. Le trait suivant n'est pas moins héroïque.

A peine les trois cantons avoient-ils eu le temps de s'assembler, dans une plaine de Schwits, où, depuis cette époque, se sont tenus constamment les conseils généraux , et s'étoient-ils juré de mourir tous jusqu'au dernier, plutôt que de reprendre leurs chaînes ; à peine avoient-ils pris le ciel à témoin de la sainteté de leurs engagemens , que l'empereur , déterminé à les accabler d'un seul coup, fit marcher contre eux une armée de cinquante mille hommes : arrivée aux pas de Morgarten, elle devoit au sortir du défilé se partager en différens corps, et envahir les trois cantons à la fois. Leur salut dépendoit donc de la conservation de ce passage , et les Suisses n'avoient pu y porter qu'un petit corps de treize cents hommes. Dans cette position critique, cinquante vagabonds, bannis du territoire des trois cantons, font demander aux magistrats de Schwits la permission de mériter leur grace, et de combattre sous leurs yeux. La proposition est rendue à la petite armée , qui répond sans balancer : *de tels gens ne sont pas dignes de mourir avec nous.* Le *qu'il mourût* du vieil Horace , est-il donc beaucoup plus sublime que cette réponse ? Au reste, les cinquante proscrits, rejetés de nouveau par leurs concitoyens , prirent un poste à part, et décidèrent si visiblement le gain de la bataille, que l'armée prononça leur pardon d'une voix unanime. Voilà , sans contredit, les plus belles lettres d'abolition qui aient jamais été expédiées : presque toujours c'est l'intrigue qui les arrache à la foiblesse ; ici c'est la gloire qui prononce sur la gloire ; c'est une partie du corps législatif, que le noble enthousiasme de la reconnoissance élève au-dessus même de la loi.

Si je faisois usage de tous les traits que j'ai recueillis, dans le même genre, cette lettre deviendroit insensiblement une histoire détaillée de la Suisse, dont, suivant mon usage, je fis sur les lieux une étude particulière ; liant ainsi le passé au présent, et remontant aux pères pour mieux juger les enfans, il résulta de mes recherches ;

> Qu'on n'a pas assez remarqué
> Les beaux commencemens de ce peuple intrépide,
>   Réfléchi, prudent, appliqué ;
> Décius au combat, au conseil Aristide ;
>   Auquel, enfin, rien n'a manqué
> Que la langue charmante et l'art de Thucydide.
> Je revenois toujours à l'auguste berceau
>   De ces heureuses républiques ;
>   Comme à ces monumens antiques,
> Dont l'aspect imposant semble toujours nouveau.

Quand on voit dans *César*, dans *Strabon*, et quelques autres historiens de l'antiquité, le portrait des Helvétiens, on croit voir celui des Suisses ; on est frappé de leur extrême ressemblance. Le climat de ces montagnes, invariable et constant dans ses effets, a conservé les formes extérieures dans leur pureté originelle : on est étonné sur-tout du peu d'altération que le caractère de ce peuple a éprouvé, à travers les révolutions de vingt siècles, et les changemens dans la forme du gouvernement. C'est le même respect pour la foi du serment ; le même goût pour la vie champêtre ; le même attachement aux usages de son pays ; la même bonté de mœurs ; enfin, la même passion pour la liberté. Il est temps de voir sur quelle base elle repose à Schwitz, à Uri, et à Underwald, dont la constitution est, à quelques nuances près, celle de toutes les démocraties de la Suisse.

LETTRE XL.

Dans les trois cantons de Schwits, d'Uri et d'Underwald, le peuple est le souverain. Le pouvoir législatif, celui de faire la guerre et la paix ; de conclure et de renouveller des alliances ; d'élire les ministres, les magistrats et les embassadeurs ; de leur faire rendre compte des différens objets d'administration ; en un mot, tous les droits, toutes les prérogatives du souverain, résident dans la personne du peuple, assemblé en comices, non dans l'intérieur des villes, comme à Rome et à Athènes ; mais dans une plaine, à la vue du ciel, dont il commence toujours par implorer les lumières.

A ce mot d'assemblée du peuple, on se figure en France le tumulte, le désordre et la confusion réunis. On se rappelle les scènes violentes qui se passèrent à Rome et à Athènes ; et vous me demanderez, sans doute, avec votre grand sens ordinaire, si par-tout, où le pouvoir ne balance pas le pouvoir, il peut y avoir liberté et sûreté. Vous me demanderez si ce n'est pas un grand abus de termes, de dire que le peuple est libre dans les démocraties absolues, parce qu'il y jouit d'un pouvoir sans réserve ; comme si le pouvoir étoit la même chose que la liberté.

Cette objection, prise dans la nature des choses, a beaucoup de force ; mais les Suisses y répondent par des faits auxquels il n'y a point de réplique. Ces trois cantons se sont assemblés au moins une fois par an, depuis l'année 1308, époque de la révolution : voilà donc près de cinq cents assemblées générales, sans parler d'un assez grand nombre d'assemblées particulières, déterminées par des circonstances qui exigent de promptes délibérations ; et il faut chercher celles où le peuple a abusé de son pouvoir. Si Rome ensanglanta ses comices, c'est qu'à Rome l'esprit aristocratique dominoit dans la démocratie ; c'est que le peuple y étoit divisé par classes, et que les riches y composoient les premieres centuries, tandis que la derniere étoit remplie de la foule des indigens. De-là les suffrages achetés et vendus ; de-là de grands moyens de corruprion, l'esprit de faction, et tout ce qu'il enfante. Il n'en est pas ainsi dans les démocraties dont nous parlons : des réglemens d'une sagesse et d'une simplicité admirables, y maintiennent, entre les citoyens, la balance de la plus parfaite égalité. Chacun des trois cantons est divisé en quartiers, où le peuple choisit des sénateurs à vie, dont l'assemblée générale doit confirmer l'élection ; et comme ce bon peuple est conduit par les mœurs, bien plus que par les loix qu'il s'est données; comme chacun n'a d'autre desir, que d'être demain ce qu'il est aujourd'hui, ni d'autre vue d'ambition, que de transmettre à ses enfans le bonheur dont il jouit, il en résulte que la confiance publique nomme à toutes les places, et que la sagesse, le bon sens et la probité les occupent toujours. C'est ici, et ce n'est qu'ici, qu'on voit de vénérables sénateurs, en habits de paysans, un bâton à la main, venir de trois et quatre lieues pour remplir, au conseil souverain, leurs engagemens envers la patrie; et, de retour dans leurs maisons de bois, y reprendre le cours de leurs travaux champêtres. Ces magistrats, au nombre de soixante, dans les cantons de Schwits et d'Uri, et du même nombre, je crois, dans le haut et le bas Underwald, sont le ministre perpétuel de l'état, et forment un conseil chargé de tous les détails d'administration, et du soin de présenter, à la législation du souverain, les objets qui doivent être portés à son tribunal.

J'ai eu le bonheur d'assister à une assemblée nationale; car il n'en est pas en Suisse, comme à Athènes, où les étrangers, qu'on surprenoit dans les assemblées du peuple, étoient punis de mort. J'ai vu des magistrats soumis à l'examen de ceux qui les avoient élus, et la puissance exécutive dans la dépendance où elle doit être. J'ai vu le citoyen voter et donner son suffrage, non en parlant, ce qui est défendu par la loi, mais en levant la main, ou la tenant cachée, selon qu'il approuve ou désapprouve; et je pus juger, dans une affaire intéressante, de l'excellence et de la simplicité de cette méthode. Le *Landaman* ou chef de la république, élu pour deux ans, étoit debout, au milieu du peuple, formant un grand cercle autour de lui. Il s'appuyoit sur une longue épée, que portoit

Von-Stauffen, un des trois cons pirateurs.
Sénèque a dit que le spectacle le plus
digne du regard des dieux, étoit l'homme
de bien, aux prises avec l'adversité ;
ne pourroit-on pas y joindre l'homme
assez heureux, pour ne pouvoir faire que
des heureux ?

> Pensez-vous qu'il soit sur la terre
> Un sceptre plus brillant et plus simple à la fois ?
> Quelle est noble la main qui tient ce cimeterre,
> Effroi du despotisme, et ferme appui des loix !
> Je repassois dans ma mémoire,
> De Sésostris à nous tous ces fiers conquérans,
> Qu'admire le vulgaire, et que vante l'histoire.
> De l'Espagne à la Chine, et du Gange à la Loire,
> J'appellois tour-à-tour les rois morts ou vivans.
> De leurs sujets courbés sous le poids des entraves,
> Je ne voyois, dans eux, que les premiers esclaves :
> Et ce vénérable bourgeois,
> Debout, mais appuyé sur la liberté même,
> Si puissant sans sujets, si grand sans diadème,
> Me sembloit le premier des rois.

Au reste, je n'ai pas besoin de vous
dire que de tant de rois, *qui ne valent*

pas

pas l'honneur d'être nommés, la reconnoissance et l'amour doivent excepter le bon roi, qui va faire à la France le plus grand des biens, et celui d'Angleterre, que la loi met dans l'heureuse impuissance de faire le mal. J'excepte Louis XVI, infiniment plus sage que Charles V, dit *le sage*, on ne sait trop pourquoi ; car il fut assez foible pour craindre les états-généraux ; assez injuste pour leur substituer une administration arbitraire, la seule chose que ses successeurs ont imitée de lui, et assez avide d'impôts, pour ne pas délivrer la France des exactions de son principal ministre, *La Grange*, évêque d'Amiens, dont le pape Urbain VI disoit, *qu'il n'y avoit point de mal qu'il n'eût fait*. Cependant, on nous a prouvé que la perversité pouvoit aller plus loin : nous devions voir des évêques ministres, encore plus odieux que *La Grange* ; et, sans doute, il en pouvoit soupçonner la possibilité, ce *Prignano*, dit Urbain VI,

Tome II.   I

un des plus exécrables pontifes, qui aient ensanglanté et déshonoré le saint-siége.

On ne peut quitter ces petits cantons. Je finirai par un trait qui les caractérise particulièrement. Ils composent tellement une seule et même famille, que les portes des maisons n'y sont jamais fermées que pendant les rigueurs du froid : on y dort sur la foi publique ; c'est un assez doux oreiller que celui-là. Je pourrois ajouter, à la satisfaction des bonnes ames du catholicisme, que ces trois cantons lui sont restés exclusivement attachés ; et qu'on n'a rien à souhaiter à des gens assurés de leur bonheur, dans ce monde-ci et dans l'autre. Il n'en est pas de même chez les Glarois. A peine a-t-on franchi les limites du canton de Schwits, que le zélé catholique trouve, dans celui de Glarus, un mélange des deux religions, monstrueux selon lui, véritablement admirable aux yeux du philosophe. L'office catholique et le protestant s'y font dans le même temple. On trouve dans les deux religions, le même esprit de prudence et de sagesse. On n'est à Glarus, ni protestant, ni catholique; on y est citoyen. La loi prononce des peines contre le moindre trait d'intolérance : il est défendu de se traiter de schismatique et d'hérésiarque; et cette loi est très-sage; car les hommes sont bien plus divisés par les mots que par les choses. Observons d'ailleurs, et j'en suis fâché pour la Suisse, qu'elle n'offre à citer, en fait de tolérance religieuse, et de fraternité réelle entre les deux communions, que le petit canton de Glarus. Elle a deux autres gouvernemens mixtes; mais la ligne de démarcation, entre les deux sectes, y est marquée d'une manière fâcheuse. Il y a plus, et le canton d'Appenzel est une preuve affligeante de l'antipathie inspirée par la différence de religion. Il a fallu, pour y terminer leurs sanglans débats, diviser l'Appenzel en deux parties, connues dans le pays sous le nom de Rhode extérieur et intérieur; il a fallu leur créer une régence, une police, une administration particulière; former, enfin, deux républiques dans une, et deux états dans l'état. Comment la religion, qui a pour objet d'adorer le père commun des hommes, peut-elle donc élever entre les hommes de semblables murs de séparation ? et comment les gouvernemens sont-ils assez aveugles, pour sévir contre le philosophe qui cherche à renverser ces barrières ?

Ah ! c'est à toi, sans doute, odieux oppresseur,
A redouter le sage, à craindre la lumière.
L'ignorance, à tes yeux, est la vertu première;
Et ton pouvoir funeste est fondé sur l'erreur.
Le fourbe à tes desseins sera toujours utile;
Il te sert puissamment. L'aveugle préjugé
Rive pour toi les fers, où l'homme est engagé,
Et le rend à ton joug plus souple et plus docile.
Mais un père chéri, mais un roi vertueux

Trouve bon que l'on pense, il permet qu'on raisonne.
Et choisir le chemin, qu'on croit mener aux cieux,
Est un droit, qu'à chacun sa justice abandonne.
Toute religion prêche la bonne foi,
Ordonne la vertu, prescrit la bienfaisance.
Entr'elles sagement tenez donc la balance,
Souverains éclairés ; et faites que la loi
Souffre et tolère tout, hormis l'intolérance

Vous parlez de tolérance, écrivoit un des plus véhémens défenseurs des droits du genre humain, un de ces Prométhées que la nature devroit plus souvent à la terre, pour animer les hommes statues dont la terre est peuplée. « Vous parlez
» de tolérance ; et il n'est pas un pays
» sur la terre, je n'en excepte pas les
» nouvelles républiques américaines, où
» il suffise à un homme de pratiquer les
» vertus sociales, pour participer à tous
» les avantages de la société. »

A l'époque où M. le comte de Mirabeau adressoit ce reproche à tous les gouvernemens connus, il n'étoit que trop fondé sans doute. Mais j'apprends qu'une liberté de conscience indéfinie, vient de passer en loi chez les Virginiens; et ce grand exemple de tolérance, ne peut manquer d'être suivi par les autres états anglo-américains. Il faut donc s'empresser de publier qu'il existe une contrée, où il est reconnu que la morale est tout, et que rien ne peut la suppléer; où le pouvoir législatif ne s'arroge pas le droit insolent de prescrire à l'esprit ce qu'il doit croire, au cœur ce qu'il doit aimer ; où le souverain a déclaré que tous les cultes sont égaux, devant celui qui n'a point d'égal; où, par conséquent, toute religion est libre, et nulle n'est obligatoire; enfin, où chrétien ou non, si l'homme remplit les devoirs de la loi naturelle, il jouit en paix des droits inhérens à sa personne; droits antérieurs à toute institution sociale; droits imprescriptibles et sacrés, dont la tyrannie peut bien suspendre l'exercice, mais qu'elle n'anéantira jamais.

Permettez-moi de vous arrêter un instant devant un spectacle si digne de vous. Nous sommes en Suisse; et quand on parle de liberté, c'est un devoir de saluer, en passant, le plus beau trône qu'elle ait encore eu sur la terre.

Cette même Virginie publia, en 1776, cette fameuse déclaration, la critique la plus terrible des principaux gouvernemens de l'Europe; où, cependant, par une inconséquence qui seroit digne de remarque, si tout ce qu'on y dit, si tout ce qu'on y fait, n'étoit pas ordinairement de la dernière inconséquence, cette déclaration fut admirée comme un chef-d'œuvre de législation; quoique les principes qu'elle établit, soient diamétralement opposés aux maximes fondamentales de ces gouvernemens. La Virginie a dit la première, et les autres états anglo-américains ont répété après elle :

Les hommes sont égaux, égaux dans l'acception la plus rigoureuse, et la plus étendue du mot *égalité*. La loi, qui n'est autre chose que l'expression des volontés de la nature, leur doit à tous la même existence civile, la même propriété de leur personne.

L'homme s'associe à l'homme, et par instinct et par besoin. Il ne peut avoir d'autre but, dans cette association, que d'augmenter sa force de la force de tous : c'est donc un vrai monstre en politique, qu'un ordre des choses, où la volonté générale est soumise à la volonté d'un seul.

Toute autorité vient du peuple, et retourne au peuple ; ce n'est qu'à titre de dépôt, et pour un temps limité, qu'il en confère l'exercice : alors le magistrat, qu'il avoit honoré de sa confiance, doit rentrer dans la classe ordinaire des ci-toyens, sans immunités, sans priviléges, sans autre distinction que celle qui résulte de la considération personnelle , et du bon emploi des talens.

La liberté ne peut subsister au milieu d'une armée, qu'on ne licencie point. Tôt ou tard, ces mercenaires enrégimentés, ces redoutables automates, montés à recevoir la mort, ou à la donner au premier signal, deviennent plus funestes au peuple qui les soudoie, qu'aux ennemis de l'état. La patrie ne doit point distinguer ses citoyens de ses défenseurs : tout homme y est soldat au besoin. Rentre t-elle en paix ? chacun y rentre en paix avec elle, et retourne à ses foyers.

Enfin , l'objet de toute société ne pouvant être que le bonheur de ceux qui la composent, si le gouvernement, constitué par le peuple, ne lui semble pas remplir ce but, le droit de le changer est une conséquence nécessaire du droit de l'établir.

Voilà, madame, si ma mémoire me sert fidellement, (et des objets de cette nature ne sont pas faits pour y être confondus) voilà sur quelles bases reposent les constitutions américaines. Graces en soient rendues au dévastateur universel, à ce féroce despotisme, qui, après avoir dévoré ses enfans, comme Saturne, finit par déchirer ses entrailles. Pour prix de tant de services rendus, par les Anglo-Américains, à la mère patrie, et pour leur payer l'intérêt de près de trois cents millions, dont ils s'étoient endettés pour elle, le stupide animal les réduisit à l'alternative de se séparer de la métropole, ou de n'être plus que ses esclaves. Il ne vit pas que ceux, dont on venoit d'éprouver le généreux patriotisme, accorderoient au-delà de ce qu'on pourroit leur demander; il ne vit pas que le parlement britannique pouvoit tout exiger d'eux, excepté de reconnoître le droit d'exiger; il ne vit pas ce que l'abbé Dubdos avoit su prédire, soixante ans auparavant, pendant la guerre de la succession , en annonçant dès-lors la séparation des colonies angloises ; à peu près de la même manière que l'abbé Raynal avoit prédit la dernière révolution en Suède; il ne vit pas..... mais voit-il quelque chose ? mais connoît-il d'autre loi que sa volonté ? et n'est-ce pas, pour l'Europe, un grand motif d'espoir, que cet excès de sottise et d'aveuglement ?

LETTRE XLI.

J'ALLAI de Schwits à Zurich, d'où je fis une course dans l'Appenzel; mais, puisque j'ai commencé à vous entretenir de ce dernier canton, je dérange l'ordre de ma marche, et avec d'autant plus de plaisir, que l'Appenzel est de toutes les parties de la Suisse, celle dont j'ai conservé le souvenir le plus doux.

Les vallées d'Appenzel faisoient autrefois partie des riches domaines de l'abbé de Saint-Gall, prince de l'Empire; il n'y a rien de si plaisant que l'origine de sa puissance.

Sigebert, roi d'Austrasie, avoit une femme, et cette femme étoit une diablesse; c'est sous ce nom, du moins, que le bon roi l'envoya aux hermites de Saint-Gall, lesquels avoient la réputation de soumettre les diablesses, et de faire entendre raison aux femmes qui l'avoient perdue. Le petit démon qui tourmentoit celle-ci, ne tint pas contre la ferveur des robustes cénobites; ils l'exorcisèrent tour-à-tour, et si heureusement, que la reine fut rendue à son mari, non pas telle qu'il l'avoit confiée, mais douce et accorte. Ce miracle fit tant de bruit, et il se trouvoit

tant de diables du même genre à exor-
ciser, que l'hermitage de Saint - Gall
se vit bientôt métamorphosé dans la
plus riche abbaye de l'Europe, et son
abbé, en prince souverain.

Le dépotisme sacerdotal est le pire
de tous. L'Appenzel avoit été compris
dans les donations faites aux exorcistes ;
et le peuple de ces vallées put croire
que les diables venoient se réfugier chez
lui, à mesure qu'on les chassoit des
corps à Saint-Gall. Tous les genres de
vexation dont l'esprit de rapine peut
s'aviser, le prince-moine les épuisoit sur
ces malheureux paysans ; leurs femmes
et leurs filles étoient en proie à la
brutalité de ses moines. Il y avoit déjà
près d'un siècle que Schwits et Glarus
avoient brisé leurs fers. Voisins de l'Appenzel, le spectacle de leur bonheur
tenta les serfs de Saint-Gall, et le désespoir les arma contre la tyrannie.
Ils combattirent long-temps ; enfin, leur

liberté fut assurée vers l'an 1500, et garantie par la confédération générale des Suisses.

Le Rhode protestant du canton d'Appenzel, est certainement la plus grande fabrique d'hommes, qu'il y ait sur la terre : nulle part on ne sera plus frappé de l'énorme disproportion qui se trouve, en général, entre la population d'un état protestant et celle d'un état catholique. On m'avoit dit, et j'avois lu, sans pouvoir le croire, que les protestans de l'Appenzel étoient aux catholiques, dans le rapport de huit à un ; je m'en suis convaincu sur les lieux ; et je dois avouer que, par-tout où j'ai fait les mêmes recherches et les mêmes comparaisons, les résultats ont toujours été en faveur du protestantisme.

M. Gesner m'avoit dit qu'il devoit plusieurs tableaux de ses idylles à de fréquentes promenades dans les vallées d'Appenzel. On ne concevroit pas, en effet , que la muse pastorale pût les visiter, sans être inspirée. Figurez-vous, sur une surface d'environ cinquante à soixante lieues carrées, des paysages continuels, et d'une variété charmante. Représentez-vous de riches vallées , serpentant avec grace , le long d'une chaîne de montagnes, couvertes de bois, ou meublées de jolis hameaux. Donnez du mouvement et de la vie à ces paysages, par une multitude de sources vives et de filets d'une eau pure et transparente. Peignez-vous d'innombrables fabriques , presque toutes entourées de grands arbres , et déployant leur forme pittoresque , sur des pelouses, de la verdure la plus animée. En général , c'est une chose à voir qu'une cabane suisse, avec son toit, pendant en saillie. Mais les cabanes de l'Appenzel , sont aux cabanes du reste de la Suisse, ce que les maisons du charmant village de Brook, sont aux maisons des autres villages de

Hollande. Elles ont une grace, une élégance, une propreté sur-tout que je ne me lassois point d'admirer ; elle n'est pas plus recherchée dans ce hameau, où nous avons vu, ensemble, le vain simulacre d'une de ces scènes pastorales ; c'est-à-dire, le diadéme suspendu à la houlette ; et la majesté royale s'efforçant, mais en vain, de se cacher sous des ornemens champêtres. Car cette princesse, avec toute sa puissance, et précisément à cause de sa toute-puissance, n'a pu se procurer qu'une froide copie de ces ravissans tableaux. La grandeur a beau faire, même dans ses plus simples jeux, elle est condamnée à tous les inconvéniens de la grandeur. Elle fait des hameaux, mais comme à ***, et à ***. La soie, l'or et l'argent s'y trouvent à côté de l'étable à vaches ; la créme y revient à dix louis ; et jusque dans ces hameaux factices, le luxe, dont le funeste effet est de détruire à la fois et

les

les mœurs et le goût, vient contraster et grimacer avec la nature. Ah ! pour se bien pénétrer de ses charmes, il faut vivre avec elle ; et pour cela, on ne sauroit être trop loin des cours, ni trop près des cabanes de l'Appenzel. Il faut avoir assez de bonhommie et de simplicité, pour plaire à de si bonnes gens ; et assez d'esprit, pour exciter leurs baillies. Ce ne sont à la vérité ni des charades, ni des calembourgs. Ils sont assez malheureux pour n'avoir aucune idée de ce genre d'esprit, qui nous a rendus si célèbres. Mais en revanche, ils étincèlent de traits, dont le sel attique semble d'autant plus piquant dans des bouches suisses, qu'un sens juste et droit est, en général, le caractère distinctif de cette sage nation. Ajoutez à ces agrémens de l'esprit, la réunion des vertus que suppose le goût le plus vif pour la vie patriarchale. On croit à la douce chimère de l'âge d'or,

quand on a passé quelques jours dans
ces vallons fortunés. O cabanes de l'Appenzel !

Oui, vous préfentez à mes yeux
La fleur des jardins helvétiques.
Dans mes rêves philosophiques,
Je la respire et suis heureux.
Lorsque les plaintes des efclaves
Viennent retentir dans mon cœur ;
Quand, moi-même, de mes entraves
Je ressens trop la pefanteur ;
Alors ma compagne chérie,
La vive imagination,
Sur l'aile de l'illusion,
Me porte aux champs de l'Helvétie.
L'Appenzel devient ma patrie.
J'y trouve l'ensemble enchanteur
Des biens et des vertus que j'aime ;
La paix, des loisirs sans langueur ;
De la sagesse, sans systême ;
De Ruth la grace et la candeur ;
De Booz la bonté suprême ;
Le gage enfin du vrai bonheur,
Dans les travaux de Triptolème,
Je vis à l'ombre de vos loix,

Sans distinction, sans richesse,
Enveloppé dans la sagesse
Du dernier de vos villageois......
Du dernier! pardon, je m'oublie;
J'allois prendre, sans y songer,
Le jargon de la monarchie,
A la sage démocratie
Heureusement trop étranger.
J'oubliois que votre semblable,
L'homme, en Suisse, n'est rien de plus.
On peut s'y rendre respectable;
Mais c'est à force de vertus.
Simples bergers, simples bergères,
Et compagnons du même sort,
Rien au berceau, rien à la mort,
Ne distingue un peuple de frères.
Point de privilége odieux,
De droits, de rang et de noblesse;
Pas un poste, pour la paresse;
Pas un titre, pour l'orgueilleux.
Point de ces Plutus exécrables,
Qui voguent sur un fleuve d'or,
Et voudroient le grossir encor
De tout le sang des misérables.
J'ai vu l'aimable égalité,
Qui descendoit de vos montagnes.

K 2

J'ai vu la force, et la santé,
Et la jeunesse, et la beauté,
Qui moissonnoient, dans vos campagnes,
Les doux fruits de la liberté.
Avec des compagnes si chères,
En prés fleuris, en bois épais,
On change de vastes bruyères;
Un châlet devient un palais......
Un palais ! ah ! ce mot funeste
M'avertit des lieux où je suis.
Je me réveille dans Paris.
O tourbillon que je déteste !
Paris; étourdissant fracas;
D'un rêve si touchant, hélas !
Voilà donc tout ce qui me reste !

Il me restera du moins, toute ma vie, le souvenir de cette délicieuse contrée de la Suisse; et l'image du bonheur de ses habitans me suivra par-tout. Elle sera perpétuellement présente à ma pensée, cette étonnante industrie, qui subvient, avec abondance, aux besoins d'une population si prodigieuse, que la terre qui la renferme, quoique cultivée avec

tout le soin, toute l'intelligence possible, ne peut suffire à sa subsistance. A
chaque vexation criante, qu'il faut es-
suyer sur les grandes routes de l'Europe,
et dans les grands passages de la Suisse,
comme ailleurs, je songerai à l'hospitalité prévenante des bergers de l'Appenzel ; je me rappellerai leur cordialité,
leur franchise, et cette originelle simplicité de l'homme, qui respire encore
chez eux dans toute sa pureté.

Pourquoi l'académie française, qui
propose aujourd'hui, pour ses prix d'é-
loquence, l'éloge d'un homme distingué
par de grands talens, n'en laisseroit-elle
pas, une année seulement, le choix aux
auteurs ? Je me présenterois au concours,
avec l'éloge d'un simple montagnard de
la Suisse, lequel joignoit aux vertus qui
distinguent cet heureux coin de la terre,
le mérite de ces connoissances, dont
les beaux-esprits font tant de cas. Il
n'est plus, mais il a existé dans le can-

ton d'Appenzel ; je l'ai vu ; j'ai passé deux jours dans sa maison de bois ; heureux avec lui, comme Télémaque avec Termosiris. Je n'ai point oublié que vous avez lu, avec quelque intérêt, le récit de ma soirée au pied du mont Erix ; et ce souvenir m'encourage à vous entretenir d'une autre montagne, que l'antiquité n'a pas dédiée à Vénus ; mais où la sagese devroit un temple au plus sage des hommes. Je vous préviens que ce récit sera un peu long, et que si vous le trouvez tel, ce sera ma faute, et non celle du Nestor de la Suisse.

LETTRE XLII.

Le sage, dont j'ai à vous entretenir, m'étoit connu d'avance : je savois que, devenu héritier, à vingt-cinq ans, d'un parent assez riche, dont il avoit été recueillir la succession en Angleterre, il s'étoit déterminé prudemment à n'en conserver que ce qui pouvoit lui procurer de l'aisance, sans faire ombrage à ses concitoyens ; je savois qu'il avoit employé le reste à voyager, pendant dix ou douze ans : je le savois ; et je n'en fus pas moins frappé dans les environs de sa demeure, de la manière ingénieuse dont l'art du paysagiste s'y développoit à chaque pas. Toutes les scènes y étoient motivées, et s'animoient les unes par les autres. Brown n'auroit pas mieux fait. Sa maison étoit de bois, comme toutes

K 4

celles du pays, et presque de la même forme ; c'étoit la même simplicité de construction : elle se distinguoit seulement par des peintures de diverses couleurs, imitées de celles qui ornent et conservent ces jolis moulins que l'on voit en Hollande ; et je devinai aisément que le triste plaisir d'imiter, froidement et sans raison, ce qu'il avoit vu, n'étoit pas ce qui avoit décidé le décorateur de cette petite fabrique ; je ne doutai pas qu'il n'eût voulu, par ce moyen, la détacher des pelouses qui l'environnoient, et la faire jouer, avec plus d'avantage, à travers de grands arbres, qui la protégeoient contre le vent du nord. Un petit autel de forme antique, portant, en relief, un foudre et une aigle déployée , m'annonça ingénieusement que ce bois étoit consacré à Jupiter ; et me transporta au siècle de Baucis et de Philémon, par une transition d'autant plus douce et plus naturelle , que les mœurs de ces vertueux bergers de la Phrygie, et des pâtres de l'Appenzel, ont entr'elles des rapports plus frappans.

Je me souviens d'avoir vu précisément la même idée exécutée dans ses jardins, par un des plus grands peintres en ce genre, que les devoirs attachés à un beau nom, ont empêché de s'en faire un non moins beau en littérature ; et qui seroit plus digne que moi, de vous peindre la cabane du philosophe de l'Appenzel, et le philosophe lui-même. Mais quelle différence d'effets naît de l'opposition des lieux, où se passe la même scène ! Chez le montagnard, l'illusion est complète : il n'y en a point, il ne peut y en avoir chez vous, ingénieux rival des Brown et des Watheli, parce qu'avec tout votre esprit, et vos connoissances justement célèbres dans l'art des jardins, vous n'avez pu remédier au défaut de convenance, au manque de vérité poétique. Voilà bien le trone d'arbre qui servoit de siége aux vieux époux; voilà le chêne et le tilleul, dans lesquels ils furent métamorphosés ; voilà, je n'en doute point, toute la magie dont l'art est capable. Mais ne voyez-vous pas que toute cette magie est détruite par la vue trop prochaine de ce gros château; par le bruit qu'on y fait; par le mouvement de cette foule de valets, par tout cet attirail, dont un grand seigneur a le malheur d'être environné ? Si, tout-à-coup, Baucis et Philémon reprenoient leur forme première, et qu'on leur demandât ce qui les y frappe le plus, ne sentez - vous pas qu'ils répondroient, comme le doge de Gênes à Versailles, c'est de nous y voir ?

Du peintre des jardins la première science
  Est de se montrer conséquent.
  Que peut me dire un monument,
  Dont je cherche la convenance ?
De la cabane au temple, et du berger au dieu,
Que tout ait son motif, que tout soit pour le lieu.

De l'harmonie en tout. Jamais de dissonance.

　　Dans l'asyle de l'innocence,

Ne me montrez jamais des objets effrayans ;

　　Elle ne veut pour ornemens,

Que ceux, dont elle-même offriroit le modèle ;

　　Qu'ils soient simples , qu'ils soient touchans ,

　　Et qu'ils m'attendrissent comme elle.

　　Que l'humble toit de Philémon

Loin du luxe et du bruit , me reçoive au village.

Gardons-nous d'imiter l'excès de déraison,

L'excès de mauvais goût d'un certain personnage ,

　　Dont je veux bien taire le nom.

　　Pour embellir un hermitage ,

Il mit. . . . . . . devinez quoi : sa véritable image ;

　　Marsias , qu'écorche Apollon.

Pardon ; on s'oublie en parlant de ce qu'on aime ; et vous savez si j'aime les jardins. Je reviens à mon sage, que je trouvai dans les siens : je lui présentai la lettre de recommandation que j'avois pour lui ; il la parcourut rapidement, et me dit en très-bon français : J'ai été accueilli en France avec plus de grace, et de recherche de politesse, que vous n'en trouverez chez moi. Vous savez que la franchise et la cordialité sont les vertus de ma nation; je vous les offre sans réserve; disposez de tout ce qui est en mon pouvoir. Je lui dis que le pays d'Appenzel, étant un phénomène de la nature, et lui, le phénomène de ce pays-là, le desir de m'instruire et de voir un heureux et sage, m'amenoit auprès de lui. Le retour fatigant des *dit-il*, et des *répondis-je*, me rappelle ici la manière dont M. Marmontel y a suppléé; et je vais m'en servir, en vous rendant compte de mes conversations, avec cet homme vraiment extraordinaire.

La chaleur étoit extrême. Le bon montagnard me proposa de nous asseoir à l'ombre d'un grouppe de grands arbres; je me doutai qu'il vouloit me faire subir un petit examen, et je cherchai, moi-même, à faire prendre un tour sérieux à la conversation. Monsieur, lui dis-je, il faut l'avouer; on ne sauroit être trop étonné des effets de l'imagination, et de cette liaison de tous les êtres dans la nature et dans nos têtes. Ces arbres qui nous reçoivent sous leur ombre rafraîchissante, me rappelloient la bonté prévenante que j'ai trouvée dans vos petits cantons; et j'appliquois aux Suisses un des plus jolis vers d'Horace, sur les arbres de ses jardins.

(1) Ils unissent pour moi leur ombre hospitalière.

— C'est ce que vous pourriez dire également de tous les peuples, qui ne sont guère dans le cas d'exercer l'hospitalité. Voyez ces Germains, dont parle Tacite; la révolution des choses ne tarda pas à ouvrir des communications chez eux; et si d'abord, ils ne firent pas payer l'étranger, qui passoit sur leur territoire, la communauté fut

_____

(1) *Umbram hospitalem consociare amant.*

taxée, pour dédommager celui d'entre
eux qui l'avoit reçu. — Heureusement
pour cette aimable vertu de l'hospitalité, nécessairement bannie des grands
empires, elle paroît avoir trouvé un
asyle éternel au sein de vos montagnes.
Qui oseroit assigner un terme à votre
existence politique ? — Qui l'oseroit ?
La volonté de la nature ; sa puissance
irrésistible ; la destinée, qui entraîne
tout dans son rézeau de fer. Quand
Rome et Sparte ne sont plus, nos petites démocraties doivent s'attendre à
disparoître, et à faire place à d'autres
combinaisons. — Mais, du moins, vos
sages gouvernemens peuvent-ils se flatter de survivre à tous les gouvernemens
connus, et d'arriver tout doucement
à la vieillesse, sans éprouver de mala-
dies aiguës ni de douleurs violentes ?
—Je l'espère, et le crois ; quoiqu'il s'en
faille bien que nos gouvernemens soient
entr'eux, dans les rapports politiques,

où ils devroient être; quoiqu'on ait eu raison de les comparer, dans leur ensemble, à ces monumens élevés à force de bras, chez les peuples où l'art n'avoit pas encore pénétré Ils étonnent l'œil par un certain caractère de hardiesse et de rusticité sublime; mais on ne tarde pas à découvrir qu'ils doivent leur solidité, bien plus à l'assimilation naturelle des masses, qu'à l'exacte liaison des parties entr'elles. Au reste, nous vivrons long-temps, parce que, ligués pour les plus grands intérêts, qui puissent réunir les hommes, nous serions en état de résister seuls à l'Europe entière, conjurée contre nous; parce que la Suisse forme d'ailleurs, entre de grandes puissances, une barrière naturelle, que la seule politique leur feroit une loi de respecter; mais nous vivrons sur-tout, parce que l'amour de la patrie est la passion du Suisse, et que l'être passionné sait mourir pour ce qu'il

aime : vous mourez bien, vous autres, pour ce que vous n'aimez pas, pour ce que vous ne pouvez aimer. — Dites, dites plutôt que l'honneur des monarchies sait braver la mort avec tout l'héroïsme des vertus républicaines ; dites que là comme ici, l'homme de bien tient à des principes, qui sont au-dessus du pouvoir des rois. Voyez, dans notre Histoire de France, la manière dont le généreux Crillon reçut la proposition d'assassiner le duc de Guise ; voyez, après le massacre de la Saint-Barthelemi, la réponse noble et ferme de quelques gouverneurs de province, à l'infame Charles IX ; voyez, tout récemment encore, la résistance invincible que les cours souveraines ont opposée au despotisme de leur chancelier, et le mépris ineffaçable que l'opinion publique a imprimé à cet audacieux ministre. Voilà ce que l'on trouve aussi sous le gouvernement d'un seul ; et j'ajoute qu'il s'élève lentement ,

tement, il est vrai, mais enfin qu'il s'élève aussi chez nous un temple à la liberté, cimenté par la philosophie, et défendu par l'opinion, dont la force est connue. Ce beau temple s'achevera; je l'espère du moins; et quand je n'y contribuerois que d'une seule pierre, je veux l'y porter; je ne mourrai pas sans avoir fait un acte de citoyen. — Et moi, je n'aurai pas le triste courage de vous chicaner sur ce beau titre, dont vous me paroissez si digne; et de vous répondre avec Jean-Jacques, que là, où il n'y a point de cité, il n'y a point de citoyen : quand on pense comme vous, on est citoyen du monde; on devient membre de l'état, par-tout où l'on se trouve, par-tout où l'on trouve une patrie. Ce n'est donc point pour répondre au vœu de mon ami, que je vous prie de m'accorder tout le temps, qui pourra ne pas trop déranger votre plan de voyage : ne

Tome II.   L

voyez dans cette proposition de ma part, que le plaisir que je cherche à me procurer. A ces mots, il me tendit la main, d'une manière qui m'enchanta, et nous prîmes ensemble le chemin de la maison.

LETTRE XLIII.

UNE fille unique, mariée depuis trois ans, consoloit cet homme respectable de la perte d'une femme qu'il avoit tendrement aimée. Voilà, monsieur le chevalier, me dit-il en l'embrassant, de quoi achever le bonheur de l'homme, sous le ciel de la liberté; et de quoi lui rendre supportables les chaînes même de l'esclavage. Ce n'est pas pourtant que ma fille ressemble à ces femmes, dont le philosophe Montesquieu fait un éloge si galant : *qui parent la société ; et qui, se réservant aux plaisirs d'un seul, servent encore à l'amusement de tous.* Elle se contente d'être fille, épouse et mère ; et de puiser, dans l'accomplissement de ces devoirs sacrés, un charme, que le seul ami des bonnes mœurs et de la vertu est capable d'apprécier.

Comme je n'ai pas le pinceau de Rubens, ou de l'Albane, je n'entreprendrai pas de vous faire le portrait de cette femme.

> Donnez des fruits à l'aimable printemps.
> Voyez la pêche, au temps de la verdure.
> Figurez-vous Minerve, à dix-huit ans,
> Qui de Vénus auroit pris la ceinture.
> Des traits de feu, mais sensibles et doux,
> Etinceloient de sa vive prunelle,
> Quand ses beaux yeux fixoient son jeune époux,
> Ou leur enfant qui dormoit auprès d'elle.
> Il s'éveilla ; vous eussiez vu, soudain,
> A son berceau voler la tendre mère.
> Vous eussiez vu d'une gaze légère
> Se dégager les trésors de son sein ;

L'enfant sourire aux sources de la vie ;
L'œil de l'époux dévorer , tour-à-tour ,
Des biens, si chers à son ame attendrie ;
Et le bon père, à ce tableau d'amour ,
Bénir les dieux, son sort et la patrie.
Persifflez bien ces objets enchanteurs ,
Vils ennemis de l'auguste nature.
Accourez tous, hommes sans loix, fans mœurs ;
Venez jeter du poison sur ces fleurs,
Et les ternir de votre haleine impure.....
Les ternir ! Non. Les serpens odieux,
Parmi les fleurs nouvellement écloses,
Sifflent en vain ; les œillets et les roses
N'en sont pas moins le doux charme des yeux.

Vous avouerai-je , dis-je au respectable chef de cette famille , le seul regret que j'emporterai de ce pays-ci ? vous avouerai-je ce que j'y trouve de plus desirable ? J'admire vos sages gouvernemens : leur forme convient à des états, dont quelques-uns ont moins d'étendue que nos grandes terres de France ; à des montagnes, en général peu fertiles, et d'où, par conséquent, doit être banni le luxe, toujours contraire à l'esprit de modération et de frugalité. Mais comme la démocratie ne peut convenir à un grand empire, et que la liberté politique n'est point la tumultueuse indépendance d'une populace insensée, je lui laisse le vœu d'une forme d'administration, moralement et physiquement impossible en France; je me borne à y déplorer le malheur d'y vivre célibataire, et de n'y pouvoir donner une représentation de la scène touchante que j'ai sous les yeux. — Que voulez-vous? il faut opter entre les bonnes mœurs et le luxe qui les déprave; entre la sagesse de vivre content avec soi-même, et la vanité de faire parler de soi; entre le bonheur obscur et tranquille, et la bruyante célébrité. Il y a des peuples condamnés à une corruption nécessaire, et vous êtes un de ces peuples-là. — Nécessairement! eh! pourquoi? — Parce que vous avez un fonds inépuisable d'industrie, qui fait fermenter tous les vices attachés au luxe ; parce qu'au moyen des grandes communications de la France, les extrémités s'en trouvent rapprochées ; et que la corruption, qui règne dans vos grandes villes, doit se propager dans les campagnes ; parce qu'une multitude de libertins enrégimentés, la répand partout ; enfin, parce qu'on n'ouvrira jamais de nouvelles routes au commerce, sans en ouvrir à cette corruption. — Ainsi donc, et d'un bout du monde à l'autre, on doit regarder l'industrie, le luxe et la magnificence, comme des enseignes de corruption. — Sans doute ; et voilà pourquoi j'ai fui ces enseignes, qui attirent le peuple des voyageurs. Pour qui ne s'arrête qu'à la superficie des objets, le sort d'un épicurien de Paris paroîtra préférable au mien : mais on sait que le spartiate préféroit la sauce âcre et noire de son pays, à la bonne chère d'Alcibiade, et les roseaux de l'Eurotas à l'édredon d'Aspasie. Soit bêtise, ou vertu, j'avoue que je suis cet homme-là. — Une seule idée m'embarrasse. Que faites-vous des souvenirs que vous avez rapportés de vos voyages ? des connoissances que vous avez acquises ? de l'activité d'esprit qu'annoncent vos idées ? enfin, du besoin de vous communiquer, qui doit vous tourmenter dans la retraite, et que je doute fort que vous puissiez satisfaire au sein de ces montagnes ? Voici ma réponse à vos questions, me dit-il, en me conduisant dans son cabinet, et en me montrant quelques centaines de volumes : Vous voyez mon académie, et ma société littéraire et philosophique. Je crois avoir rassemblé ce qu'on a publié de meilleur, dans les langues que je sais. Je vis dans la bonne compagnie d'Allemagne, de France, d'Angleterre, de l'ancienne Rome et de la moderne ; et je suis loin de redouter, avec elle, cet état de langueur et d'ennui , qu'éprouvent tant de solitaires dans l'uniforme tranquillité de la retraite.

Heureuse cabane , m'écriai-je avec attendrissement , je te bénis : tu es à la fois l'asyle des graces et de la sagesse. — Dites de la simplicité. Je travaille comme un paysan , parce que le travail est le principe de la santé. Je me retire, quatre à cinq heures par jour, dans ce cabinet , parce que je sens le besoin d'exercer ma pensée; et toujours je vais rejoindre mes enfans avec un nouveau plaisir; parce que le bonheur consiste encore plus, pour moi, dans le sentiment que dans la pensée.

On a fait beaucoup de traités sur le bonheur ; en connoissez-vous de plus raisonnable ?

LETTRE XLIV.

L E bonheur a ses insomnies ; mais elles ne sont pas fatigantes : il me sembla même que les idées douces et riantes qui m'occupèrent toute la nuit, avoient réparé mes forces. J'étois à ma fénêtre à trois heures du matin.

Les ombres de la nuit fuyoient devant l'aurore.
Attentive au retour de l'astre qu'elle adore,
La nature attendoit ce point vif et brillant,
Que lance, devant lui, son char étincelant.
Il paroît : tout s'éveille, & tout rompt le silence.
Tout du Dieu créateur annonce la présence ;
Concert vraiment sublime, où mille sons divers
Ne forment qu'un accord, qui remplit l'univers.
Dieu puissant ! m'écriai-je. Ah ! si votre œil auguste
Des peuples corrompus distingue un peuple juste,
Pourriez-vous arrêter vos regards satisfaits
Sur des objets plus doux ? ô soleil ! non, jamais,
Non, tu n'éclaireras, dans ta carrière immense,

Un spectacle plus beau d'amour et d'innocence.
Prêtre roi , je t'ai vu , dans ton temple fameux.
Pardonne ; à ton encens je n'ai pas joint mes vœux ;
C'est l'encens de l'orgueil. Ah ! mon cœur lui préfère
De plus simples parfums , un autel de fougère.
Ces monts ; remparts sacrés qui bordent l'Appenzel ,
Sont pour moi le vrai temple , où se plaît l'Eternel.

Vous imaginez bien que je n'assistai pas seul au lever du soleil : à peine ses premiers rayons doroient la cime des Alpes de l'Appenzel, que les vallons, les hameaux, les montagnes, tout étoit en mouvement ; et même, dans plus d'une partie de cette grande scène, le travail et l'industrie n'avoient pas attendu que la nature eût levé le rideau. Vous pensez bien aussi que mon hôte étoit debout ; je l'apperçus au haut de sa colline ; il y prenoit un de ces bains de l'air salutaire et bienfaisant des montagnes, dont Jean-Jacques a dit, avec son énergie ordinaire, qu'ils devroient être un des principaux remèdes de la médecine et de la morale. Je crains, lui dis-je, en l'abordant, de troubler votre prière du matin; mais il faut absolument que vous écoutiez la mienne, puisque vous me l'avez inspirée; et je lui contai mon petit ravissement extatique. Fort bien, me dit-il; je pense, comme vous, que la cime des Alpes est un peu plus majestueuse que la coupole de Saint-Pierre; mais je crois qu'il est encore plus beau de penser sur cela comme *Caton ;* et il me cita la réponse sublime de *Caton* à *Labiénus*, quand celui-ci propose, dans la Pharsale, d'aller consulter l'oracle de Jupiter Ammon. En voici un essai de traduction, faite littéralement, et avec tout le soin dont je suis capable; elle vous donnera du moins, une foible idée de la beauté de l'original, genre de beauté auquel, à mon avis, les poëtes anciens et modernes n'offrent rien de comparable.

(1) Penses-tu que celui qui régit l'univers,
  Ait pu s'ensevelir dans le fond des déserts ?
  Penses-tu que le roi de ce globe, où nous sommes,
  Hors des sables d'Ammon, ne parle point aux hommes ?
  Son oracle est dans nous. L'onde, la terre et l'air
  Sont le trône éclatant, où s'assied Jupiter.
  Pourquoi chercher si loin sa majesté suprême ?
  Dieu remplit le grand tout ; et tout est Dieu lui-même.

Monsieur, lui dis-je, après quelques propos indifférens, plus je réfléchis sur ce que je vois, et sur ce que vous m'avez dit, moins je suis étonné de la préférence que vous avez donnée à l'Appenzel sur toutes les contrées de l'Europe. Si la certitude de voir sa vie entière s'écouler comme le soir d'un beau jour ; si le plus haut degré de liberté possible ; si la modération, la

____

(1) *Steriles ne elegit arenas*
Ut caneret paucis, mersitque hoc pulvere verum ?
Est ne dei sedes nisi terra, et pontus, et aër,
Et cœlum et virtus ? Superos quid quærimus ultrà ?
Jupiter est quodcumque vides, quocumque moveris.

paix et la simplicité dans tout, sont les biens les plus desirables, je commence à croire que le bonheur ne se trouve qu'ici. J'ai desiré long-temps une jolie ferme ornée, en Angleterre; je ne connoissois pas les maisons de bois de l'Appenzel. — Je suis touché de votre manière de voir et de sentir; mais, de grace, et par l'intérêt que vous m'inspirez, méfiez-vous de l'élan de votre imagination : cette magicienne finit presque toujours par fatiguer la vie, au lieu de la rendre agréable. N'oubliez jamais que la sagesse et la raison trouvent le bonheur par-tout, même dans un mauvais gouvernement; et que la philosophie, dont vous parlez beaucoup en France, ne doit être, en dernière analyse, que l'art de nous rendre heureux. — Vivre heureux par-tout! quoi! à la cour même de Néron? — Non, sans doute; et l'homme de génie, qui a fait une apologie si éloquente de

Sénèque, ne le justifie point à mes yeux, d'avoir habité si long-temps la caverne du lion. — Qu'eussiez-vous donc fait à la place de Sénèque? — J'aurois été le *Guillaume Tell* des Romains; j'aurois tué la bête féroce; ou, si je n'avois pas eu ce généreux courage, il existoit sur le globe des points, où les griffes du monstre ne pouvoient atteindre. — Et si, avec la plus grande sensibilité; avec l'enthousiasme de l'honnête et du beau, avec la passion des grandes ames pour la liberté, l'aveugle sort vous avoit jeté sous le sabre et le cordeau d'un sultan? — C'est le cas où l'homme rentre dans les droits attachés à sa qualité d'homme. Si le sort a été assez injuste pour lui refuser une patrie, qui doute qu'il n'ait le droit de s'en choisir une, où l'autorité du souverain ne soit pas au-dessus des loix? Mais prenons bien garde encore; n'exagérons ni le bien, ni le mal; il y a des inconvéniens à tout, puisque la vertu elle-même a ses excès. Il y a des défauts dans la meilleure forme d'administration, puisqu'elle est l'ouvrage de l'homme. Pour qu'une association fût parfaite, il faudroit, dit l'auteur du Contrat social, qu'elle défendît et protégeât, de toute la force commune, la personne et les biens de chaque associé ; il faudroit que, par elle, chacun, s'unissant à tous, n'obéît pourtant qu'à lui-même, et restât aussi libre qu'auparavant. Parcourez, par la pensée, les pays, où le beau mot de liberté se fait du moins entendre à l'oreille, je doute que vous y trouviez la solution de ce grand problème. — Quoi! pas même en Angleterre! — J'étois à Londres en 1757 ; je me promenois sur la Tamise ; je fus témoin de ce que les Anglois appellent une *presse*, et je crus être à une traite de nègres. Le bon Suisse ajouta : S'il y a des loix dans le pays des anges, je doute qu'elles soient plus sages que les nôtres ; mais, quelque bonne opinion que vous ayez de nous, la vérité est que nous ne sommes pas des anges, ou ce qu'on entend par ces êtres célestes. Notre petit état a des affaires, et il faut qu'elles aillent ; il faut que le peuple en confie le mouvement et la conduite. Il a de petites souverainetés dans les montagnes, dont les habitans sont ses sujets, comme le Français l'est de son roi ; et, comme il ne peut pas être toujours assemblé, il confère le pouvoir exécutif à des baillis, ou proconsuls, qui gouvernent en son nom : est-ce à vous que j'ai besoin d'en dire davantage ? Le même homme, qui a connu les charmes de l'égalité ; qui a senti combien il est doux de n'obéir qu'aux loix, quand elles sont équitables, parvient insensiblement à se croire le maître de ceux qui lui ont confié le pouvoir de les gouverner. Vous n'êtes pas à

savoir

savoir que les individus ont, comme les gouvernemens, une tendance naturelle vers le despotisme. — Quoi donc! le citoyen d'Appenzel n'a-t-il pas le droit d'appeller à vos comices des vexations d'un bailli? — Sans doute; nos loix ont prévu l'oppression trop inévitable du pouvoir exécutif; et vous devez bien penser que je ne serois pas ici, si le gouvernement y souffroit le despotisme des baillis, sans le réprimer. Cependant, j'ai su plus d'une injustice de leur part, qui n'avoit pu être légalement prouvée. Apprenez, d'ailleurs, que les causes d'appel, qui ne sont pas assez importantes pour être soumises à la décision d'une assemblée générale, sont portées et jugées au syndicat. Croyez-vous que les députés qui composent ce tribunal inférieur, soient toujours inaccessibles au crédit, soient tous intègres et inébranlables comme la loi? Faites des recherches sur le droit public; elles

.. us conduiront à une triste vérité ; c'est que, d'un bout du monde à l'autre, presque tous les gouvernemens sont établis, non pour ceux qui sont gouvernés, mais pour ceux qui gouvernent. Résumons : la forme d'administration qui nous régit, est, je crois, la meilleure possible pour nous ; et la vôtre... on peut lui reprocher, sans doute, les inconvéniens nécessairement attachés à une monarchie absolue ; mais, vous l'avez dit, et je le pense comme vous ; votre constitution va s'améliorer, ou, pour mieux dire, vous ne tarderez pas à avoir une constitution. Les correspondances que j'ai conservées en France, s'accordent toutes à y annoncer des changemens, également avantageux à la nation et à son chef. On diroit que votre populace de ministres,

Présent le plus funeste,

Que puisse faire aux rois la colère céleste ;

On diroit que vos ineptes et cou‑
pables administrateurs ont pris à tâ‑
che , en voulant reculer cette révolu‑
tion si desirable, d'en accélérer le cours.
En attendant l'inévitable effet de leur
insigne mal-adresse, jouissez de tous
vos avantages ; et , avec les vices com‑
muns à tous les peuples industrieux et
opulens , soyez toujours le plus aimable.
Quand on est ce que vous êtes , quand on
doit nécessairement devenir la première
nation du continent, on auroit grand
tort d'envier quelque chose aux autres.

Nous agitâmes , le lendemain , plu‑
sieurs points de littérature et de mo‑
rale. Nous passâmes en revue les per‑
sonnages les plus célèbres de ce siècle ;
et le sage d'Appenzel m'étonna, de plus
en plus , par la justesse et la vivacité
de son esprit, et quelquefois aussi, par
la singularité piquante de ses opinions.
Mais ces objets de nos entretiens, abso‑
lument étrangers à l'objet de cet épisode,

finiroient par absorber mon Odyssée, au lieu de l'embellir. Peut-être, même, ne me suis-je que trop appesanti sur des détails, qui m'ont paru avoir quelque rapport à mon sujet. Je me presse donc de retourner à Zurich. J'avois besoin d'y passer quelques jours, pour me consoler de l'idée que je ne reverrois plus mes aimables bergers d'Appenzel. Leur Nestor s'étoit pris pour moi d'une véritable affection; je l'avois quitté les larmes aux yeux, et je n'oublierai jamais qu'en prenant congé de lui, il me pressa sur son cœur, et me dit, d'une voix altérée : *adieu donc, et pour l'éternité.*

Cet adieu me glaça d'effroi.
Je sais qu'aux élémens je dois rendre mon être;
Que de tout ce qui vit c'est la commune loi;
Que l'ombre de la mort doit descendre sur moi,
Dès demain, dès ce soir, peut-être.
C'est l'ordre du destin, je n'en murmure pas.
Mais, Dieux ! dans la nuit du trépas,

S'enfoncer tout entier ! tout entier y descendre !
Mais dire à son ami : *c'est pour l'éternité....*
Eugénie, ah ! jamais ne me faites entendre
Un adieu si cruel ; il troubleroit ma cendre.
Qui sait aimer, doit croire à l'immortalité ;
    Elle est le dogme d'un cœur tendre.

LETTRE XLV.

JE vis Lucerne, en me rendant à Zurich ; et je vous dois un mot sur cette première ville. Elle est dans une situation charmante, sur une des branches du lac le plus curieux de la Suisse, par les aspects variés et mobiles que présente la sinuosité de ses contours, et sur-tout par les événemens qui ont illustré ses rivages. C'est ici principalement que les objets s'embellissent par le souvenir des choses qu'ils retracent à la pensée. La connoissance de son histoire et le goût de la belle nature doivent y rendre doublement heureux le descendant des vainqueurs de Morgarten et de Sempach. Pour moi, qui apportois sur ces bords des yeux dignes de les contempler, et une ame faite pour se bien pénétrer de tout ce qu'ils inspirent ou rappellent; avec quel empressement je sautai sur le rocher, où *Tell* s'élança de la barque qui le conduisoit au supplice! Quel transport de joie j'éprouvai, à quelques pas de là, dans l'endroit où il perça le cœur du tyran *Griszler !* Les traits principaux de la révolution, qu'amena ce coup hardi, sont peints dans une petite chapelle, qui n'est pas, à mon avis, un des moindres ornemens du lac de Lucerne. Je n'avois pas besoin de revenir d'Italie pour trouver ces peintures ce qu'elles sont en effet: mais, sans être Suisse, et malgré leur grossièreté, elles parlèrent vivement à mon cœur; je n'avois fait qu'admirer les peintures du vatican.

Le lac de Lucerne est indifféremment appellé lac *des quatre cantons*, des états de Lucerne, de Schwits, d'Underwal et d'Uri, dont ses eaux baignent les terres : elles baignent aussi le mont Rugi, sur la pente duquel on me fit remarquer une république en miniature. C'est l'état de Gersau, composé d'un seul village. Tout son territoire, ensemble, est moins grand que votre jardin. Ne riez pas, je vous en conjure, en apprenant que Gersau a sa constitution particulière, son appareil militaire et politique, ses assemblées nationales, sa cour de justice et son landaman.

> Tout prince a des ambassadeurs ;
> Tout marquis veut avoir des pages.

Je le sais ; et la vanité de l'homme, quel qu'il soit, sous un gouvernement

absolu, est, en effet, le comble de a
démence et du ridicule; mais je sais,
en même temps, qu'on peut être fier
de n'appartenir qu'à soi : et j'avoue
qu'une cabane de Gersau, qui, de son
toit de chaume, couvre l'indépendance
et le bonheur, me paroît infiniment
plus auguste que tel palais de tel esclave couronné. O liberté! je ne ridi-
culise rien de ce qui peut te rappeller
à mon cœur. Je me prosterne même
devant Gersau. Je t'adore dans tes plus
foibles images. J'aime jusqu'à cette petite pyramide, que le philosophe Raynal t'a consacrée, à ses frais, dans une
île du lac de Lucerne; je le remercie
de l'attention qu'il a eue de choisir, pour
t'élever ce petit autel, un point d'où
l'œil pût découvrir, à la fois, les trois
cantons, qui secouèrent, les premiers,
le joug de la servitude.

Cette idée, et si noble, et si digne d'envie,
Devoit appartenir à ce fier écrivain,

Que dans sa liberté hardie,
Egara quelquefois l'amour du genre humain ;
A ce génie ardent, audacieux peut-être,
Qu'on vit mettre en poudre, à la fois,
Les coupables erreurs des peuples et des rois ;
Qui bravant, tour-à-tour, le despote et le prêtre ;
Osa nous dire à haute voix :
Mortels, ayez de bonnes loix ;
Et vous n'aurez besoin, ni de dieux, ni de maître.

L'érection de ce monument a été due aux soins du général Psiffer, chez lequel j'admirai un beau modèle, en bas-relief, de la partie la plus montueuse de la Suisse. On est effrayé des peines qu'a dû lui coûter cet ouvrage : il est composé d'un ciment, dans lequel M. Psiffer a enchassé des morceaux de rochers, tirés, avec la plus scrupuleuse exactitude, de chacune des montagnes qu'il avoit à représenter. Les formes et les proportions sont observées si parfaitement, qu'il n'y a pas un habitant de ces parties de la Suisse, qui, au premier coup-d'œil, ne reconnoisse sa montagne ou son vallon, et jusqu'à sa cabane et à sa fontaine. On a le plaisir de parcourir plus de soixante lieues carrées, dans un cadre de deux toises. Cet ouvrage est la merveille des infiniment petits ; un vrai chef-d'œuvre de patience, de courage et de géographie.

Apprenez une découverte bien extraordinaire, que fit M. Psiffer sur une de ces Alpes, dont il osa entreprendre, et dont il a pu exécuter le plan. Un jour, excédé de fatigue, accablé de soif et de chaleur, il aborda un jeune homme et une jeune femme, qu'il trouva herborisant ensemble sur le penchant d'un précipice ; et leur demanda s'il n'y avoit point, dans le voisinage, quelque châlet où il pût se désaltérer. Il y a le nôtre, lui répondit-on ; et tous deux le conduisirent dans une cabane, dont l'arrangement et l'extrême propreté frappèrent M. Psiffer ; mais moins encore que l'air de noblesse et d'aisance de celle qui lui présenta une jatte de lait. Vous êtes sans doute, demanda-t-il à l'homme, le mari de cette charmante femme ? — Non, monsieur. — C'est donc votre sœur ? — Pas davantage. — Mais vous êtes trop jeune, pour qu'elle puisse être votre fille; et ses manières, plus encore que ses vêtemens, disent assez qu'elle n'est pas votre servante. — Elle est femme de mon meilleur ami, d'un autre moi-même. Cette vie sauvage nous plaît également : elle partage ma passion pour la botanique; et, durant les trois à quatre mois que les neiges nous permettent de chercher des plantes sur ces cimes élevées, elle est ma femme, du consentement de son mari, qu'elle aime, et dont elle est tendrement aimée. Il est vrai, ajouta-t-il, qu'elle est remplacée, auprès de lui, par ma femme, qui ne m'est pas moins chère, et de laquelle je ne suis pas moins aimé; et que nous jouissons ici de la douce certitude, qu'ils sont aussi heureux à Lucerne, que nous dans cette cabane Il est encore vrai que, de retour auprès d'eux, chacun de nous reprend, avec plaisir, la femme ou le mari que chacun tient de la loi ; et que dans cet échange de nos personnes, qui a lieu depuis six ans, ou, pour mieux dire, dans ce parfait accord de nos goûts, de nos idées et de nos sentimens, nous n'avons d'autre inquiétude, que de savoir lequel de nous quatre est le plus heureux.

La communauté de biens n'est donc pas un rêve de la république de Platon. Le Paraguai, avant la destruction des jésuites ; la grande famille des frères Moraves, dont le principal établissement, à Utrecht, me fournira le sujet d'une lettre intéressante ; et cette anecdote suisse, en démontrent la possibilité. Au reste, je n'approuve ni ne condamne l'arrangement de ces bons Suisses. Aimable héroïne de l'amitié, je le soumets à votre

jugement. Décidez s'il seroit bon que,
dans tous les cœurs, l'amitié dût aller
jusque-là.

> Je me tais ; mais disons d'avance
> Que, dans un tel arrangement,
> On ne verroit sans doute, en France,
> Que le plaisir de l'inconstance
> Et le bonheur du changement.

J'ai besoin de penser à M. Psiffer, à
ses bontés prévenantes, à tous les genres
de services qu'il daigna me rendre, pour
me rappeller sa patrie avec intérêt. Lucerne a le bonheur de posséder le nonce
du pape en Suisse ; et ses habitans, d'un
catholicisme distingué, jugent apparem-
ment que cet avantage est fait pour les
dédommager de tout ce qui leur manque
d'ailleurs. Le diable semble avoir placé
Berne et Zurich auprès de Lucerne,
pour mieux faire sentir les avantages
du régime protestant sur le catholique.
Berne et Zurich regorgent d'habitans ;

et Lucerne est désert. De mauvaises manufactures; peu ou point de commerce; pas la moindre industrie. On est en Suisse, et on cherche en vain l'influence de la liberté : j'oserai dire plus; je n'ai guère vu à Lucerne que son fantôme. L'aristocratie y a dégénéré en olygarchie : le pouvoir réside aujourd'hui dans trente-six sénateurs; et ce titre est devenu à peu près héréditaire, dans un petit nombre de familles; puisque les membres qui composent le corps de sénateurs, nomment aux places, à mesure qu'elles viennent à vaquer. Vous pensez bien que les parens des électeurs se trouvent toujours avoir le mérite, les talens et les vertus, qui doivent leur assurer la préférence : de là au pouvoir absolu, il n'y a qu'un pas; et l'on sait que la tyrannie de plusieurs, est plus redoutable que la tyrannie d'un seul. Un ordre de choses bien différent m'attendoit à Zurich.

LETTRE XLVI.

ZURICH obtint le premier rang dans la confédération helvétique, vers l'an 1350 ; et l'obtiendroit encore aujourd'hui, si les treize cantons s'assembloient pour délibérer de nouveau , sur celui d'entr'eux qui mériteroit cette honorable distinction. Berne seule pourroit la lui disputer, par son étendue qui comprend le tiers de la Suisse , et par sa population, qui en compose à peu près le quart ; mais elle ne soutiendroit le parallèle avec Zurich, sous aucun autre rapport.

L'aristocratie de Berne est une des moins limitées que je connoisse. La souveraineté y réside dans le grand-conseil, composé, à son choix, des seuls citoyens de la ville de Berne. Ce corps jouit de toute la plénitude du pouvoir ; impose des taxes ; abroge les loix ; en établit de nouvelles ; fait la paix et la guerre ; possède, enfin, tous les droits du monarque le plus indépendant. Cet énorme pouvoir n'est balancé par aucun pouvoir ; puisque, sous quelque prétexte que ce puisse être, les citoyens ne peuvent jamais s'assembler.

A Zurich, le même nombre de bourgeois qui s'y trouva, lorsqu'elle se forma en république, y représente encore le souverain. Ici comme à Berne, la puissance législative est confiée à un grand-conseil ; mais les membres en sont élus à Zurich par le corps de la bourgeoisie, et non pas, comme à Berne, par le conseil même. Ajoutons que, dans les occasions importantes et délicates, un corps nombreux de citoyens s'assemble et participe à la chose publique.

Le sénat de Berne, qui tient du grand-conseil la puissance exécutive, est composé

posé de membres à vie. L'un et l'autre forment une masse de puissance, au choc de laquelle il faut que tout cède.

Le même tribunal existe et doit exister, à Zurich, pour l'administration de la police, du civil et du criminel ; mais on y a sagement prévu les abus qui résultent, ailleurs, de la réunion du corps législatif à la puissance exécutive. Les membres qui composent le sénat de Zurich sont amovibles, suivant l'occurrence des cas ; soit à la décision du grand-conseil ; soit au jugement des treize tribus, dans lesquelles sont classés les citoyens.

L'élection des membres de la souveraineté de Berne s'y trouve dans la main du souverain. Le conseil s'y régénère de lui-même. Le gouvernement de Berne est donc, dans le fait, une aristocratie héréditaire ; et l'habitant de ce canton, un véritable sujet, soumis à un maître absolu. Mais observons ici, à

l'éternel honneur de cette aristocratie,
que les priviléges du peuple de Berne
n'ont jamais été violés : jusqu'à présent,
les Bernois n'ont connu leur souverain
que par ses bienfaits. La sagesse invariable, et la modération du sénat de
Berne, dans l'exercice de son pouvoir,
sont un miracle en politique, dont peut-
être on ne trouvera pas un second exemple. Il faut toute la vertu qui anime ce
grand corps , pour maintenir le gouvernement dans son intégrité , pour ga-
rantir le peuple de l'esclavage qui le
menace.

Zurich n'a pas cru devoir compter sur un
miracle, et a préféré, sagement, l'aristocratie élective à l'aristocratie héréditaire.
Le peuple ne s'y assemble pas en comices,
comme dans les cantons démocratiques;
mais par curies ou tribus:chacune a ledroit
d'élire un certain nombre de magistrats,
qui deviennent, au sénat de la nation,
les dépositaires de l'autorité souveraine,

au nom des tribus dont ils sont les représentans. On peut donc regarder le
gouvernement de Zurich comme aristo-
démocratique , et comme balançant ,
avec assez de sagesse , les avantages et
les inconvéniens de l'une et de l'autre
forme d'administration.

La constitution des états de la Suisse
n'étoit pas mon premier objet. Peu
m'importa d'apprendre que Zurich avoit
l'influence principale, dans les affaires
du corps helvétique ; que ce canton
jouissoit exclusivement du droit de con-
voquer les diètes générales ; et que tout
ce qui pouvoit être relatif à cette grande
et respectable confédération, étoit porté
à sa chancellerie. Les bonnes mœurs ,
l'esprit patriotique, la culture des lettres,
l'amour de la liberté, voilà ce que je cherchois en Suisse, et ce qu'on trouve moins
à Berne qu'à Zurich. Je vis à Berne le
philosophe Haller : son ame douce et
tendre aimoit à s'épancher. Il voyoit,

dans moi , un profond respect pour les droits inaliénables de l'homme : je lui étois recommandé, d'ailleurs, par son plus intime ami. Le chantre des Alpes s'ouvrit donc à moi, sans réserve. J'appris que le peuple de Berne , qui ne participe en rien au gouvernement, ne s'intéresse à sa durée que par la douce habitude de vivre sous des loix équitables, et non par ce sentiment d'orgueil, ce caractère de fierté républicaine, cette passion des peuples libres , pour leur patrie , qui distingue le citoyen de Zurich.

Quant aux mœurs des deux villes , un trait suffira pour vous peindre celles de Berne. Le jour que j'y arrivai, la chaleur étoit excessive. On me dit, chez M. l'avoyé d'Erlach , qu'il y avoit des bains délicieux sur l'Aar : je m'y fis conduire. Devinez qui se présenta pour être mon valet-de-chambre baigneur. Une très-jeune et très-jolie fille. Tout jeune que j'étois moi-même , je dénonçai ce scandale public au vénérable Haller, au chaste époux de Mariane. Il me répondit, en souriant : mais vous ne savez donc pas que nos filles de Berne sont, comme celles de Sparte, environnées de l'honnêteté publique. Ce que M. Haller me disoit, en badinant, des filles de Berne, est vrai des femmes du canton de Zurich.

Je ne sais quel parfum des mœurs patriarchales
Y répand une pure et tendre volupté.
Au siècle de Tobie on se croit transporté ;
Et son amante même y craindroit des rivales.
    Par les Rachels de ces hameaux
Les ames, doucement, se sentent enchaînées ;
Et l'on conçoit ici que, pendant sept années,
Jacob ait de Laban dirigé les troupeaux.
Quel charme auroient pour vous ces rives fortunées,
Où le cœur ingénu sent tout le prix d'un cœur ;
Où du serment d'aimer on connoît la valeur ;
Où l'on ose penser que la foi conjugale,
    Est la base de la morale,
    Et le ferme appui du bonheur !

Les loix somptuaires, si propres à entretenir la pureté des mœurs, sont maintenues à Zurich, avec beaucoup d'exactitude et de sévérité. Ses sages législateurs ont bien senti qu'à ceux, auxquels des réglemens sévères interdisent toute espèce de superflu, il ne reste qu'à être heureux ; qu'à vivre doucement sous un gouvernement équitable ; qu'à chérir et honorer la patrie : et ceci est encore un point très-important, à l'avantage de Zurich, sur Berne. Ce n'est pas que l'usage de beaucoup de superfluités ne soit également proscrit dans ce dernier canton ; mais on en tolère quelques-unes ; et les jeunes femmes m'y ont paru très-malheureuses de n'avoir pas plus de liberté à cet égard. Elles dévoroient, des yeux de l'envie, les élégantes babioles de deux jeunes princesses, de la maison de Lorraine, dont la mère offroit en même temps à la Suisse, tous les charmes de votre sexe, et cette supériorité de raison que le nôtre s'attribue si fièrement. Voici un in-promptu que je fis pour la mère, et ses deux filles; et je m'en souviens, parce que les Suisses, qui sont justes et ne sont point galans, le répétèrent en chœur, et me remercièrent d'avoir été le fidèle interprète de leurs sentimens. Ces dames n'avoient jamais vu d'imprimerie. Tout en leur montrant les détails de cette merveilleuse invention, le prote leur proposa d'imprimer quelque chose au hasard; et le hasard fit sortir de la presse :

Peuple roi, dont l'Europe eût dû suivre les traces,
De vos heureux destins les Grecs seroient jaloux.
Vous avez moins de fleurs; mais vos fruits sont plus doux,
Si la fable, chez eux, inventa les trois graces,
L'aimable vérité les rassemble chez vous.

Je reviens à Berne. Quand la Suisse périra, ce sera par le luxe ; et ce sera par Berne que commencera sa mort politique. Mais la constitution helvétique

N 4

arrivera bien tard à cette dissolution des choses humaines , à laquelle toutes sont condamnées , sans exception. La Suisse n'a du moins à combattre que les principes de destruction qu'elle porte dans son sein. Ses boulevards sont à l'abri de ces épouvantables machines , qui font que les places les plus fortes sont seulement les moins foibles ; et l'on sait qu'au moment où se répéteroient , sur le sommet des montagnes, les signaux d'alarmes, qui y sont placés, ces boulevards se trouveroient garnis , tout-à-coup, de trois cents mille hommes, formant , sans contredit , la meilleure milice nationale de l'Europe.

Venez donc maintenant , soldats bardés de fer ,
    O machines à baïonnettes !
Marchez contre la Suisse , au son de vos trompettes ,
    Et traînez-y tout votre enfer.
Dans de noirs tourbillons de fumée et de poudre ,
    Approchez-vous de ses remparts.
    Pointez sur eux , de toutes parts ,

De votre airain tonnant le redoutable foudre.
Au sommet de l'Ida tranquillement assis,
Le Suise imitera le Jupiter d'Homère ;
   Et, dans vous, de l'Europe entière
   Ne croira voir que les fourmis.

Laissons ces machines à baïonnettes ensanglanter et opprimer la terre ; et tandis que les Suisses, eux-mêmes, par une raison politique, qui ne les excuse pas à mes yeux, vendent leur sang à des puissances étrangères, voyons de quelle manière l'amour s'y prend, chez eux, pour réparer les pertes que ce commerce leur occasionne, comme à toute nation qui commerce avec son numéraire.

LETTRE XLVII.

LA fable a peint l'amour en nous peignant Protée.
Il prend des traits divers, en changeant de climats ;
　　Et par-tout la terre enchantée
Reconnoit son vainqueur, et fleurit sous ses pas.
　　Vers les lieux qu'arrose le Tage,
Je l'ai vu l'hypocrite ; il composoit sa voix ;
Marchoit les yeux baissés ; saluoit une image ;
　　Rouloit, entre ses jolis doigts,
Quelques grains de corail, où pendoit une croix ;
　　On l'auroit pris pour un saint personnage.
A nos Français légers vient-il donner des loix ?
　　Quelle étrange métamorphose !
Lovelace par air, incrédule par ton,
Il plaisante avec grace ; avec grace il oppose
　　Le ridicule à la raison ;
N'aime rien ; rit de tout ; mais il séduit la rose,
　　Qui le prend pour un papillon.
　　Là, se moquant de l'étiquette,
Sur des lits de fougère il aime à réunir
La bergère et le dieu, la gloire et le plaisir,

Le diadême et la houlette.

Là , tout bouffi d'orgueil , et constamment perché
Sur un arbre fameux , dit généalogique,
C'est un noble bien fier , bien vain , bien germanique ;
    Qui , dans la charmante Psyché
Ne voit rien , qu'un rameau sorti d'un tronc antique.
Aux rives de l'Aar , où va-t-il sans flambeau ?
Il dirige ses pas vers le prochain hameau ;
    Mais il attend que la nuit sombre
A ses desseins secrets vienne prêter son ombre.
    Alors , sans voile et sans bandeau ,
Sur les pas du mystère , il approche en silence.
    Une porte s'ouvre à demi ,
Est-ce toi ? lui dit-on ; viens : tout est endormi.
Quelle est donc cette voix vers laquelle il s'avance ?
    Hélas ! en Suisse comme en France,
L'Hymen n'auroit-il point de plus grand ennemi ?

Au contraire, la Suisse est le pays du monde où l'Amour et l'Hymen vivent dans la meilleure intelligence. Je m'empresse donc de vous dévoiler le mystère de ces marches nocturnes. Ce que j'ai à vous dire est d'une singularité piquante, et remarquable dans l'histoire des bizarreries de l'esprit humain. L'usage le plus étrange se trouve établi, je ne sais pourquoi, ni comment, dans presque toute la Suisse, et principalement dans le canton de Schwits. J'avoue qu'il me confondit, moi, qui ne suis plus étonné que d'une chose; c'est qu'on puisse être encore étonné de quelque chose. Je savois bien que l'amour n'agit pas de la même manière sur le Groenlandois, par exemple, et sur le voluptueux habitant du midi de l'Europe. Je savois que tous ces raffinemens de l'amour, qui, peut-être, font encore plus le tourment que le charme de la vie, sont inconnus au Labrador; où l'homme est de glace, comme tout ce qui l'environne; et s'approche d'une femme, comme du morceau de loup marin, dont il soutient sa chétive et pénible existence. Je n'ignorois pas que la nature a répandu la variété sur la face de l'univers, et que tout diffère dans l'homme, excepté ce qui tient essentiellement aux loix constitutives de son être. Mais, si l'on m'avoit dit qu'à cent-cinquante lieues de Paris, dans un pays renommé par la sagesse de ses loix et la pureté de ses mœurs, toute fille à marier, reçoit dans son lit, et comme s'il étoit déjà son époux, celui qui s'annonce avec l'intention de le devenir; si l'on m'avoit ajouté que cet étrange préliminaire est approuvé par les deux familles, et sanctionné de générations en générations, je n'aurois pu le croire; et, cependant, de tous les usages, qui peuvent exciter l'étonnement, il n'y en a point de plus constaté.

L'habitant du canton de Schwits se marie jeune. C'est le vœu de la nature, par-tout où l'homme ne craint pas de se reproduire. Cette crainte, qu'il faut regarder comme la critique la plus terrible des gouvernemens, où on l'éprouve, est inconnue dans le canton de Schwits, où, graces à de vastes communes, pour nourrir des bestiaux, et à des montagnes couvertes de bois, pour construire des cabanes, il se trouve toujours une place pour un nouveau ménage. Il est donc rare que le Suisse, assuré de transmettre ce double héritage à ses enfans, ne se marie pas à l'époque précise que la nature a marquée à l'homme, pour prendre une compagne. Ordinairement il choisit la sienne sur la montagne, ou dans la vallée voisine. Son choix, devenu public par ses assiduités auprès d'elle, il intervient dans tous les hameaux d'alentour un engagement tacite, mais sacré, de respecter le sien. On dit qu'une vengeance éclatante ne manqueroit pas de punir l'audacieux, qui oseroit le troubler dans ses amours; &, cependant, je doute qu'au Labrador même, il y en ait de plus paisibles. Le soleil est à peine levé, que le Suisse se rend chez sa maîtresse.

Ordinairement, elle est occupée de quelques détails de ménage; il se garde
bien de l'aider dans son travail; il la
contemple froidement, & ne dit mot.
La trouve-t-il assise à quelque distance
de la cabane? il s'assied près d'elle, et
ne dit mot. Va-t-elle à l'église, à une
assemblée, à quelque fête de village?
il la prend sous le bras; fume sa pipe,
et ne dit mot. Ainsi se passe la semaine
entière. La nuit du samedi au dimanche,
le flegmatique et silencieux amant se
présente à la porte de sa maîtresse. Elle
ouvre; il la suit dans sa chambre; se
déshabille tranquillement; se met au
lit à côté d'elle; et, très-ordinairement,
ne dit mot encore. C'est, du moins, ce
qu'on assure, et ce qui prouveroit que
l'amour est muet, quand l'imagination
se tait. Le lendemain matin, la mère
de la jeune fille apporte aux deux amans
une jatte de café, dont l'usage est
généralement établi dans ces montagnes.

Elle s'assied sur le lit ; déjeûne avec eux ;
et croiroit outrager son gendre futur,
en laissant entrevoir le moindre doute
sur une réserve, qui nous couvriroit, en
France, d'un ridicule ineffaçable.

> Qu'on aille de Suisse au Japon,
> Et de Bysance à Cachemire ;
> Coutume, usage, opinion,
> On n'aura vu que votre empire.

LETTRE XLVIII.

L'EMPRESSEMENT de retourner à
Zurich alloit me faire oublier un morceau
de sculpture, qui seroit cité à Rome ;
c'est le mausolée qu'on voit au château
d'Hindelbanck, dans les environs de
Berne. On raconte sur ce monument
ingénieux une anecdote, qui ajoute au
mérite et à l'intérêt de l'exécution. Mademoiselle

moiselle *Waber*, d'une famille distinguée en Suisse, partageoit la passion
violente qu'elle avoit inspirée au jeune
et célèbre *Nhal*, statuaire allemand.
Malheureusement mademoiselle *Waber*
avoit pour père une espèce de baron
d'Etanges, qui ne manqua pas de recevoir avec autant de hauteur que de
mépris la proposition d'unir les graces
aux talens. Un monsieur de *Langhans*
se présenta; il avoit tout; car il étoit
baron. Les deux amans furent donc sa-
crifiés à la chimère des conditions, plus
chimère en Suisse, que par-tout ailleurs.

Ainsi l'amour, dont le destin suprême
Est d'enchaîner le cœur, l'esprit, la volonté,
  Et de soumettre avec fierté,
L'être le plus farouche, et le sage lui-même;
Ce dieu, dont les décrets devroient être absolus,
Loin de l'orgueil des cours, au sein des républiques,
Grace à des restes vains de préjugés gothiques,
  Compta deux victimes de plus.

Madame de *Langhans* ne survécut

pas long - temps au chagrin d'avoir perdu l'homme qu'elle aimoit, et d'appartenir à l'homme qu'elle ne pouvoit aimer. Son premier enfant lui coûta la vie, ou, pour mieux dire, la délivra du fardeau de la vie. *Nhal*, doublement inconsolable, voulut, du moins, immortaliser son amour et´ sa douleur, et prouver à tous les nobles du monde qu'un statuaire pouvoit vivre plus long-temps et plus honorablement qu'un baron dans la mémoire des hommes. Les grandes passions font naître les grandes pensées. *Nhal* exécuta d'une manière aussi hardie que naturelle, un contraste sublime, dont le genre de mort de la femme qu'il avoit aimée, lui fournit l'idée. Il l'a représentée expirante, dans un tombeau entr'ouvert, et que repousse un enfant qui vient de naître. Les portes de la vie s'ouvrent pour l'enfant ; on croit entendre celles de la mort tomber sur la mère. Cette pensée est de *Mi-*

chel-Ange, et l'exécution du cavalier *Bernin*.

Le tombeau de l'infortunée baronne de *Langhans* me plonge dans un accès de mélancolie trop douce, et trop chère à mon cœur, pour que je ne cède pas à l'espoir de vous la faire partager.

Vous l'auriez trop aimée, cette philosophie ingénieuse et sensible, qu'on appelle païenne : elle ne se contentoit pas d'environner, de riantes images, le berceau de l'enfance, et de joncher de fleurs le chemin de la vie ; elle animoit encore la cendre des morts ; elle répandoit, jusque sur les tombeaux, un charme que nous sommes loin d'y trouver, nous, dont l'existence d'un jour est empoisonnée par de lugubres systêmes ; nous, qu'ils accompagnent dans la tombe, où ils nous font descendre avec tant d'effroi ; nous, qui, hier encore, pavions nos temples de cadavres, et ne savons rien de mieux aujourd'hui, que de les entasser à la porte de nos villes.

Les Grecs, nos maîtres en tout, faisoient des tombeaux le principal ornement des campagnes. Voyez le poëte de Théos, courbé sous le poids des ans. Il rencontre un cyprès, dont le sombre feuillage couvre un monument funèbre; il s'y repose; et d'une main tremblante, il y suspend sa lyre et sa couronne de myrthe.

Les Romains, imitateurs des Grecs, se plaisoient, comme eux, à vivre au milieu des morts. Dans le tumulte et la joie d'un festin champêtre, animés de la double ivresse de Bacchus et de l'Amour, un tombeau s'offroit-il à leurs regards? tout-à-coup, le silence descendoit parmi les convives; une douce mélancolie s'emparoit de leurs sens; ils s'approchoient de la tombe avec respect; en écartoient les ronces que le

temps avoit pu y faire naître ; et y ré-
pandoient les fleurs dont leurs cheveux
étoient couronnés. On retrouve ces
mœurs antiques parmi les Grecs modernes : on les trouve établies chez
un grand peuple, aux extrémités de l'A-
sie ; elles forment une partie essentielle
de sa religion. Les tombeaux y sont des
objets de culte, pour ne pas dire d'idolâtrie ; ils y étendent, ils y resserrent les
nœuds d'une famille immense. On sait
qu'à la Chine, les chemins sont bordés
de monumens funéraires.

> Là, dans le fond de son tombeau,
> L'homme sert encor la patrie ;
> Et de la chaîne qui la lie,
> Il forme le dernier anneau.
> Là, dans la paix et le silence,
> Les cœurs viennent se recueillir ;
> Et vivre encor de souvenir,
> Alors qu'il n'est plus d'espérance.

Que je regrette de ne les point trouver sous mes pas, ces images si atten-

drissantes, et si dignes d'exercer la pensée ! combien mes promenades solitaires
en deviendroient plus intéressantes !
quelle émotion j'éprouverois en décou-
vrant, au coin d'un bois, sur le penchant
d'une colline, au bord d'un ruisseau,
tantôt l'urne d'un Catinat ou d'un Fé-
nelon ; tantôt celle d'un Turgot ou d'un
Montesquieu ; ici le monument funèbre,
élevé par la reconnoissance publique au
bienfaiteur, ou au martyr de la patrie ;
là, et quelle peine j'aurois à m'arracher
de ce touchant objet ! le tombeau d'une
femme que la nature auroit enrichie de
tous ses dons ; et qui, dans un pays de
mauvaises mœurs, auroit été la gloire
de son sexe et de son siècle ! Je faisois
ton portrait sans y penser, ô la plus
belle et la plus respectable des femmes !
ô toi ! qui m'as rendu le nom de mère
si doux, que je ne l'entends jamais prononcer sans attendrissement. Quand je
vis la Vénus de Médicis, et celle du

Titien, je m'écriai : Ma mère est encore
plus belle. Je me disois, en contemplant
le buste de Porcie : ma mère n'auroit
pas eu moins de courage ; et tous les
jours encore, quand je rencontre dans
l'histoire un trait honorable pour ton
sexe , je me dis : il n'a manqué à ma
mère qu'un plus grand théâtre , et un
historien. Tu n'es plus , femme unique
sur la terre, ame pure et céleste, ange
du ciel ; car il faut bien te nommer ainsi ,
puisque le monde ne m'offre rien qui te
soit comparable ; tu n'es plus ; et il ne
me reste rien de toi , rien , pas même
ta dépouille mortelle. Hélas ! dans le
délire de ma douleur , j'oublie quelquefois que ta cendre a été confondue avec
la cendre de tant d'infortunés , dont tes
bienfaits ont adouci ou prolongé l'existence ; je me persuade qu'un saint usage
m'en a laissé la disposition. Avec quelle
piété je m'en empare ! avec quelle religieuse vénération je la dépose sur un

des bords de cette charmante rivière, dont tu aimois à suivre le cours des fenêtres de ton vieux château ! C'est là que, loin des sentiers de communication, parmi les aspects de cette nature sauvage et pittoresque, je choisis un des sites les plus mélancoliques ; et que je t'élève un petit tombeau de forme antique, d'un style aussi pur, aussi simple que toi.

Ces malheureux , qui trouvoient tant de charmes
A te devoir des soins et des secours ,
Qui , disois-tu , faisoient tes plus beaux jours ,
Lorsque ta main pouvoit sécher leurs larmes ;
Ces malheureux ! autour de ce tombeau ,
Je crois les voir ; leur foule consternée
En fait un temple , où la terre étonnée
Entend un hymne aussi saint que nouveau.
C'est le tribut qu'ils doivent à ta cendre.
C'est un concert d'amour et de douleur ,
Bien triste, hélas ! mais le seul que mon cœur,
Quand tu n'es plus , pourra jamais entendre.

J'écris à la meilleure des filles, et croirois

l'outrager, en lui demandant pardon d'une larme, répandue sur la cendre de la meilleure des mères.

LETTRE XLIX.

JE m'en apperçois trop tard; insensiblement, et de lettres en lettres, je vous envoie des volumes. Cependant je perce, et me fais jour à travers une multitude de choses qui se présentent à ma pensée, dont le souvenir me plaît, et que j'écarte avec regret, pour conserver du moins, autant qu'il m'est possible, le mérite de cette rapidité, que vous m'avez recommandée, et que vous n'aimez pas plus que moi. Dès hier, je devois être de retour à Zurich; et voilà que je retrouve, parmi mes notes sur la Suisse, les principaux traits d'une de mes conversations avec le

sage Haller : comme elle m'avoit inté-
ressé vivement, je l'avois écrite, le soir
même, suivant mon usage de jeter sur
le papier ce qui m'avoit frappé dans la
journée. Je ne peux me refuser au plaisir de vous la faire connoître, dans la
confiance où je suis qu'elle ne vous inté-
ressera pas moins que moi.

J'avois cité devant lui deux vers de
son poëme des Alpes. Il me tira en
particulier, et me dit : soyez vrai ; que
pense-t-on de cet ouvrage en France ?
— Quoique votre langue n'y soit pas
encore très-répandue, sur-tout parmi
les gens de lettres ; quoiqu'on puisse à
peine entrevoir les beautés d'un poëme,
dans la traduction même la plus élégante, le vôtre a une place distinguée
dans nos bibliothèques poétiques ; mais,
à mon retour en France, je dirai aux
amateurs de la belle poésie : voulez-
vous sentir le grand mérite du poëte
Haller ? allez, comme moi, vous pro-

mener avec lui dans la vallée de Grin-delwald; lisez-y son poëme des Alpes; c'est là qu'il faut le juger. — Je crois vous entendre. J'ai peint d'après nature; et l'on doit croire en France que je n'ai peint que des choses idéales. On y doit croire que l'imagination seule a broyé mes couleurs, tandis qu'elle s'est permis à peine de dorer les cadres de mes tableaux. — Quoi! pas même celui des bains de l'Aar! — Point de plaisanteries, je vous en conjure, quand il s'agit de raison; elle est si aimable! et vous me paroissez si digne de par-ler sa langue! réservez ce genre d'es-prit pour les cercles brillans de Paris; il est trop déplacé parmi nous, sur-tout quand il s'agit de cette vallée, où, pour l'éternel honneur de la nature hu-maine, existent les originaux de ces portraits, que j'ai si foiblement esquis-sés. Ah! qui sait mieux que moi com-bien je suis resté au-dessous de mes modèles ? — Si votre candeur étoit moins connue, je vous soupçonnerois d'une fausse modestie ; jamais, non jamais les Alpes n'auront un chantre plus digne d'elles ; mais vous m'avez recommandé d'être vrai, je le serai. Il n'étoit pas en votre pouvoir de détruire une pensée qui m'a saisi à Grindelwald, et qui m'en a défiguré les habitans. Ils sont sujets ; ils sont soumis à une aristocratie rigoureuse ; et, sous quelque forme que se présente à moi la soumission de l'homme à l'homme, elle me choque ; j'en suis révolté. — Jeune homme, votre fierté me plaît ; on trouve rarement cette hauteur de pensée, même dans les républiques ; et vous êtes pour moi une preuve nouvelle, que le trésor inestimable de la liberté est souvent mieux apprécié par ceux qui en sont privés, que par ceux qui en jouissent. Sans doute, il est difficile de s'en exagérer les avantages. Mais, sans décider s'il y a effectivement plus de liberté réelle, dans le canton d'Uri, que dans celui de Berne; et en vous accordant même que celui qui fait la loi, et qui s'y soumet, peut se croire plus libre que celui qui la reçoit, et qu'elle gouverne seule ; avouez, du moins, que ceci devient une vaine dispute de mots dans la vallée de Grindelwald; avouez que vous n'en croyez pas le paisible habitant assez sophiste, assez subtil, pour se faire un tourment de son obéissance à des loix justes, uniquement parce qu'il ne les a pas faites; car vous n'ignorez pas que le souverain lui en abandonne l'exécution. Je voudrois que vous puffiez voir au grand-conseil les représentans de cette vallée. Voilà, diriez-vous, des enfans respectueux, qui comptent sur la justice et sur l'amour de leurs pères. — Respectueux ! ce mot me rappelle ce que vous me disiez hier, vous-même, du paysan de

votre aristocratie ; il lui manque cette
pensée sublime, et qui en fait naître
tant d'autres : je n'appartiens qu'à moi.
— Me pardonnerez-vous une pensée,
moins sublime sans doute, et plus faite
par conséquent pour le commun des
hommes ? me pardonnerez-vous de croire
que la félicité de l'homme consiste bien
moins dans ses réflexions sur les causes
de son bonheur, que dans la conscience
de ce bonheur même ? Je vais vous paroître bien vulgaire ; mais je suis per-
suadé, depuis long-temps, que si l'homme
pouvoit se borner à sentir doucement
son existence, il auroit atteint le vrai
but auquel le destina la nature. Je crois
que la pensée, dès qu'elle prend de la
profondeur, nous sert moins qu'elle
ne nous fatigue ; et qu'enfin, celui de
nous qui réfléchit le plus, n'est pas certainement le plus heureux. — Le sage
Haller réduiroit l'homme à si peu de
chose ! — A si peu de chose ! reprit-il

avec feu ; et je jugeai, à l'accent de sa voix et à l'expression de son regard, que l'enthousiasme du poëte alloit animer les réflexions du philosophe. A si peu de chose ! Répondez pour moi, peuplades fortunées, dont j'ai étudié les mœurs, avec un intérêt si tendre ; et qui, d'un bout de la Suisse à l'autre, et sous les diverses formes de gouvernemens qui vous régissent, m'avez si bien prouvé que, pour arriver au terme de la vie, sans trouble et sans amertume, il faut fermer son ame à tous ces plaisirs factices, à toutes ces jouissances de l'amour-propre et de la vanité, que poursuit l'habitant des grandes villes, et qui le tourmentent, sans le satisfaire. Athlètes vigoureux de Lauterbroun, et vous, leurs rivales à la course, jeunes Atalantes de cette partie de la Suisse, vous tous, que j'ai vus dans l'ivresse de la joie et le délire du bonheur, célébrer une fête publique, répondez :

changeriez-vous l'innocence de vos fêtes champêtres, et la touchante simplicité de vos mœurs, contre ces prétendus plaisirs, qui exigent la réunion de tous les arts, de tous les talens ; contre le magnifique ennui qui en résulte presque toujours ; contre le double remords d'avoir perdu en vains amusemens, une vie qui s'écoule si vîte, et un superflu, que tant d'infortunés, privés du nécessaire, réclament en vain de l'oisive opulence ? Répondez, pasteurs de la vallée de Bagne ; ô vous, qui, par le seul instinct de la raison, supérieur à toutes les combinaisons de la politique, avez défendu si sagement l'exploitation des mines précieuses que la nature a mises sous votre main ; vous, qui avez deviné que tous les malheurs, tous les crimes ensemble, sortiroient pour vous de leurs filons découverts. Répondez encore, vallées de Castrie et de Kaudel-steg, qui formez un si doux contraste avec les monts

de

de glaces qui vous environnent, avec les roches sourcilleuses de la Gemmi. C'est là, monsieur, qu'existe une seule et même famille, composée de tous les individus qui peuplent ces deux vallées ; c'est là que l'idée d'un procès est encore à naître, et que se conservent dans une inaltérable pureté les vertus des premiers âges du monde. Parlez de ces asyles de l'innocence au ministre de Froutigen, à la direction duquel ils sont confiés ; il vous dira qu'il y va souvent, non pour y recommander la pratique des vertus, dont ils offrent les plus touchans modèles ; mais pour y jouir d'un spectacle fait pour l'homme de bien, pour y voir des enfans de la nature, sous la main directe de la providence, et se réunir, dans les vœux qu'ils adressent au grand Etre, à des cœurs si dignes de lui. Monsieur, ajouta-t-il avec plus de tranquillité, peut-être m'est-il permis de penser que mon opinion doit avoir quelque poids entre les apologistes de la vie patriarchale, et les nombreux échos du mondain de Voltaire ; peut-être ai-je acquis le droit de prononcer entr'eux. Ecoutez-moi :

Je n'avois pas encore quarante ans ; je jouissois, à Berne, de quelque considération ; j'avois eu des succès dans le monde littéraire ; mon nom n'y étoit pas prononcé sans honneur. J'aimois les beaux-arts. Riche des dons de la fortune, comblé des faveurs de l'amour, je pouvois me regarder comme un des êtres les plus heureux des grandes sociétés policées. Ce fut alors que le gouvernement me choisit pour terminer les contestations, qui divisoient, depuis long-temps, le canton de Berne et le Valais. Avant de poser sur leurs pivots de fer, ces limites que vous avez vues, et qui séparent aujourd'hui les deux souverainetés, j'errai long-temps sur les hauteurs du Grimsel et de l'Ober-hasly ;

je parcourus des régions désolées ; je vis des hommes établis, là, où j'espérois à peine trouver des bouquetins et des chamois. J'étudiai ces hommes ; je les étudiai long-temps, attentivement, patiemment ; je les trouvai gais sur ces cimes désertes, et robustes avec leur fromage et leur pain de millet. Je vécus avec eux dans une familiarité intime ; je devins leur compagnon, leur ami, leur frère. Ma vie étoit dure ; je passois le jour sur des pointes de rochers, et la nuit sous des huttes, ou dans le creux des cavernes ; mais je contemplois la nature humaine dans sa pureté primitive ; et ce spectacle si doux, si nouveau pour moi, me dédommageoit, me tenoit lieu de tout. Cependant, la saison avançoit ; les neiges nous menaçoient. Il fallut songer à descendre : chacun de mes bons, de mes honnêtes bergers alloit retrouver un être cher à son cœur. Eh bien, le croirez-vous ? il n'y en avoit pas un seul qui ne regrettât ces lieux sauvages ; et moi-même, soit qu'il y ait un charme indéfinissable, attaché à la contemplation de ces horreurs imposantes et de ces beautés terribles ; soit que l'air vif et subtil, que l'on respire au-dessus de la région des nuages, eût changé ma manière de voir et de sentir ; soit qu'en effet, il n'y ait rien de comparable dans le tourbillon des villes et des grandes sociétés, au calme intérieur et profond, à la paix inaltérable dont j'avois joui sur ces hauteurs, moi-même, j'en descendis en soupirant ; et, dans ce moment encore, parvenu à l'âge, où tous les souvenirs s'effacent, où toutes les impressions s'affoiblissent, je ne prononce point, je n'entends jamais prononcer le nom de Grimsel ou du Hasly, sans la plus vive émotion.

Monsieur, lui dis-je, on répond à des raisonnemens par des raisonnemens;

mais on ne dispute point sur l'impression
que l'ame reçoit des objets ; et , d'ailleurs , je vous prie de croire qu'elles
sont loin de m'être étrangères , les sen-
sations que vous venez de me peindre
avec tant de chaleur. J'aime , comme
vous , à me rafraîchir d'un fruit sauvage ,
dans mes promenades solitaires ; mais
je n'en bénis pas moins , du fond du
cœur , le génie bienfaisant qui greffa
le premier sauvageon ; et quelqu'atten-
drissant que soit l'éloge que vous venez
de faire de l'habitant des hautes Alpes ,
pardonnez-moi de préférer votre société
à la sienne ; les sons enchanteurs de
votre lyre, aux sons rauques et discor-
dans , dont il fait retentir les échos
du Hasly ; et , à son pain de millet , la
chaire délicate , que nous venons de
faire chez M. l'avoyer d'Erlac.

O bon vieillard ! tu ne répliquas rien.
Je te vis tomber dans une rêverie profonde ; je vis ta pensée errer sur la

cime des hautes Alpes ; et je crus devoir respecter les souvenirs, dont ton
ame aimante et douce se plaisoit encore
à se nourrir.

Dans le séjour de paix, où ton ombre repose,
Où l'immortalité doit payer tes vertus,
Si ce monde à tes yeux est encor quelque chose ;
Si le sort t'y permet un souvenir confus
De l'éclair, ou plutôt du songe de la vie ;
Si, parmi tous les cœurs qui chérissoient le tien,
   Qu'éclairoit ta philosophie,
   Tu daignas distinguer le mien ;
Le ciel, qui de ses dons te combla sans mesure,
Qui nous montra, dans toi, l'interprète, l'amant,
   Et le peintre de la nature,
Le ciel m'en est témoin ; sans un objet charmant,
Qui seul me fait sentir le prix de l'existence,
Je voudrois, échappé de ce dédale immense
De crimes, de malheurs, de sottise et d'ennui,
Je voudrois, chez les morts, m'envoler aujourd'hui,
   Sur les ailes de l'espérance ;
Et, si j'eus le bonheur de faire un peu de bien,
N'y recevoir des dieux, pour toute récompense,
   Que le charme de ta présence,
   Et celui de ton entretien.

Je dois me justifier de la longueur de cette période, dont je suis encore toutes soufflé. On vient de parier, contre moi, que je ne ferois pas, en vingt minutes, vingt vers passables, dont le sens seroit suspendu jusqu'au dernier. Malheureusement pour vous, j'achevois de mettre en ordre ma conversation avec le sage Haller; il se présentoit, tout naturellement, sous ma plume; et m'a fait gagner la gageure, à vos dépens peut-être.

P 4

LETTRE L.

ZURICH est l'Athènes de la Suisse.
Depuis les républiques de la Grèce, je
crois qu'aucune ville n'a réuni, aussi
constamment, un aussi grand nombre
d'hommes du premier ordre, dans toutes
les branches de la littérature. J'oserai
dire plus : quand Zurich n'auroit à leur
opposer que le seul chantre d'Abel,

> Lui seul feroit encore incliner la balance,
> Ce génie immortel, qui peignit la vertu
> Avec tant de douceur, de charme et d'élégance ;
> Qui sut rendre à l'amour son attrait ingénu ;
> Aux graces, la pudeur ; au plaisir, la décence ;
> A la muse des vers, sa première innocence.
> Respectable Gesner, je ne lis plus que toi.
>   Comme avec toi la vie est chère !
> Comme on aime son fils, son épouse, son père !
> Et comme dans la tombe on descend sans effroi !
>   Dans tous les instans de ma vie,

Tes aimables enfans suivront toujours mes pas.
Je veux m'environner de leurs touchans appas.
    Aux vices, que l'effronterie
Etale impudemment à mes sens éperdus,
J'opposerai leurs traits, leurs graces, leurs vertus.
Je croirai voir encor l'image révérée,
    De Saturne et de Rhée ;
Et ce beau siècle d'or, qui ne reviendra plus.

Ce grand homme avoit, dans ses manières, la noble simplicité qui respire dans ses ouvrages : il en méditoit alors une superbe édition, qu'il devoit imprimer lui-même, et dont il dessinoit et gravoit les estampes. C'étoit réunir tous les talens et toutes les vertus.

Vous ne me pardonneriez pas d'oublier le célèbre pasteur des orphelins de Zurich, si connu dans le monde savant par son traité *sur les physionomies.* M. Lavater est, avec M. Diderot, l'homme de l'imagination la plus forte que j'aie rencontré, qui puisse exister peut-être : c'est l'aigle élancé dans les nues, et planant au-dessus des Alpes, à des hauteurs inaccessibles. L'horizon, sillonné d'éclairs, voilà l'image de sa conversation, dans une langue qu'il parle mal : il n'est pas donné à l'homme d'avoir plus d'esprit. Par-delà malheureusement est la folie, qui n'est séparée de l'ardente imagination que par une nuance inperceptible. L'ouvrage de cet homme extraordinaire, n'est guère moins étonnant que son auteur. Je doute qu'on puisse mieux étayer l'édifice le plus aérien qui soit encore sorti de la main des hommes.

Chacun des animaux qui peuplent l'univers,
De l'aigle au roitelet, de l'homme à la panthère,
 Nous marque, par des traits divers,
  Ses passions, son caractère.
En vain le scélérat, en vain le cœur pervers,
Seroient-ils revêtus d'une riche enveloppe ;
L'œil de l'observateur la perce ; et les vertus
 D'un Marc-Aurèle, ou d'un Titus,
Frapperoient, sous le masque et la laideur d'Esope.
 Lavater prétend encor plus.

A l'aide de son microscope ;
Par un mot d'écriture, il juge l'écrivain.
Sa lorgnette philosophique
Embrasse un horizon sans fin ;
Sur l'insecte impalpable avec art il l'applique ;
Suit le castor sous l'eau, l'abeille sur les fleurs ;
Dans chacun de leurs traits rend raison de leurs mœurs ;
Et découvre par-tout ce rapport harmonique.
De son système j'ai douté ;
Mais vous le démontrez ; près de vous il s'explique ;
Et cet heureux accord entre votre beauté,
Entre vos traits charmans, et votre ame angélique,
A rendu pour moi la physique
Plus riche d'une vérité.

Je vis M. Lavater, il y a environ quinze ans, pour la première et la dernière fois. Il n'étoit alors qu'un homme d'un esprit supérieur. J'entends dire aujourd'hui qu'il conduit un troupeau d'illuminés ; qu'il fait des miracles ; enfin, qu'il a exalté son ame au degré le plus déplorable. Pauvre espèce humaine ! Newton commente l'Apocalypse. Pascal voit un gouffre de feu, qui bouillonne continuellement à côté de lui. Jean-Jacques, obsédé des fantômes que la défiance enfante et sème sur ses pas, parvient à ne plus voir, dans le monde entier, que les piéges de la fraude, les serpens de l'envie, les poignards de la haine ; et Lavater finit par être Rose-Croix. Connoissez-vous une jolie plaisanterie manuscrite, intitulée : *Du bonheur des sots ?* Moi, je ne plaisante point : je soutiens que le bonheur d'un sot, est infiniment préférable à celui d'un homme d'esprit, quand il vit dans une trop grande intimité avec l'imagination, cette redoutable magicienne, qu'on a si bien nommée la *folle de la maison.*

Félicitons les citoyens de Zurich, de ce que la folle de la maison n'étoit pas chez eux, à l'époque où je ne sais combien d'opinions religieuses se présentèrent, ensemble, aux portes de leur ville. Dieu sait ce qu'il en seroit arrivé, si la folle s'étoit trouvée là. Heureusement pour ce bon peuple, il se laissa conduire dans cette occasion par le simple bon sens, dont on sait que la marche est moins brillante; mais avec lequel, si on va plus lentement, on arrive du moins sain et sauf.

Le scandale que donnoient depuis long-temps les papes et leur milice monacale, avoit préparé les esprits à la révolution que Luther opéra en Allemagne, et Zuingle dans une partie de la Suisse. Le peuple de Zurich avoit à se déterminer entre Zuingle, Luther et le pape : devoit-il admettre ou rejeter l'*impanation*, l'*invination ?* Que devoit-il penser sur d'autres points de la même importance ? Il eut la sagesse d'en remettre l'examen à ses magistrats, d'imposer à ses prêtres un rigoureux silence, et de vouloir que la puissance législative prononçât sur ce qu'il devoit croire et rejeter. Le sénat se déclara en faveur de Zuingle ; et, dans l'instant même, et dans tout le canton, la décision du sénat devint règle de foi. Que de crimes auroient été épargnés aux hommes, et de flots de sang sur la terre, si le peuple eût été par-tout aussi sage ! Le peuple !

Animal superstitieux,
Dont l'instinct est d'avoir un maître,
Et de tendre, en fermant les yeux,
Son front stupide au joug du prêtre,
Et son dos à l'ambitieux.
C'est vainement que d'âge en âge,
Le peuple a vu tant d'imposteurs
Cacher, sous des dehors trompeurs,
L'instrument de son esclavage.
Son sort est de croire toujours.
Chaque être suit sa destinée,
Dont rien ne peut changer le cours.
La mouche vit pour l'araignée.
Pour le bec tranchant des faucons,
La colombe semble être née ;
Et notre race infortunée
Pour les menteurs et les fripons.
La taupe, à plaisir façonnée
Pour les mystères amoureux,

Cet être obscur et solitaire,
De tous les êtres de la terre,
Seroit-il donc le plus heureux ?

Oui, sans doute, sur les trois quarts du globe ; et j'oserai, en prose comme en vers, préférer hautement le sort de la taupe à celui de l'homme, par-tout où la volonté d'un seul sera la volonté de tous ; où la destinée d'un grand peuple, dépendra d'une bonne ou d'une mauvaise digestion. J'oserai le penser à Constance, où je crus voir fumer encore les bûchers de Jean Hus et de Jérôme de Prague ; à Constance, jadis libre, heureuse, florissante, et réduite aujourd'hui, sous la domination de la maison d'Autriche, à un état de langueur, de misère et de dépopulation, qui me frappa d'autant plus que je sortois de Zurich. Appellée au commerce par sa situation avantageuse sur le Rhin, elle voit, avec une stupide indifférence, l'industrie et l'activité qui se déploient autour de ses murailles :

l'herbe croît dans ses rues. Comment l'empereur n'est-il pas frappé de ce contraste, avec l'état des cantons de Schaffouse et d'Appenzel, qui avoisinent Constance ? Ah ! l'Europe seroit trop heureuse, si ceux qui en font la destinée pouvoient se pénétrer d'une grande vérité ! C'est que la conquête la plus avantageuse, est celle que l'on peut faire sans sortir de chez soi.

LETTRE LI.

En sortant de Berne et de Zurich, il ne faut pas s'appesantir sur Basle, Schaffouse et Soleure ; et peut-être ne doit-on s'arrêter à Fribourg, que sous cet énorme tilleul, dont je vous ai parlé dans une de mes lettres précédentes. Ce n'est pas qu'aristocratique, démocratique, mixte, et même olygarchique,

toutes

toutes les formes de gouvernement établies en Suisse, n'y procurent la félicité
des peuples, et qu'elle n'y soit répandue
assez également dans les treize cantons.
Mais, je l'avouerai, je n'ai pas l'art de
jeter de la variété sur des scènes nécessairement un peu monotones ; et puisque
le bonheur même a sa monotonie, il faut
bien faire un choix dans les objets qui
le représentent, et, quelquefois même,
en voiler les images comme les statues
des dieux.

Je vous proposerois cependant de faire
une pause à la cascade de Schaffouse, si
j'avois le pinceau de cet ancien qui, suivant l'expression de Pline, allumoit les
éclairs et faisoit entendre le tonnerre.
Si j'ai osé vous parler de la cascade de
Terni, c'est que le saut du *Velino* est,
à celui du Rhin, ce qu'un pygmée étoit
à Hercule ; et, qu'à l'exception d'Appéle,
l'Hercule des peintres, tous les autres seroient des pygmées à Schaffouse. Cepen-

*Tome II.*Q

dant les excellentes lettres , sur l'état politique, civil et naturel de la Suisse, citent, sur ce magnifique objet, un coup de pinceau dont Appèle se seroit honoré. Un de ces êtres privilégiés de la nature,

Dont l'ame énergique et brûlante
Respire et peint la passion ,
Qui de l'imagination
Tiennent la palette brillante ,
Dut au fracas du Rhin, à sa rage bruyante,
Un de ces mots heureux qui seuls font un tableau.
Dans le ravissement de ce grand phénomène ,
Il voyoit l'onde en flamme ; et crioit hors d'haleine :
Mes amis : *C'est un enfer d'eau.*

Mon guide me fit observer que j'avois passé plus de trois heures en face de la cataracte. Elle me parut n'avoir pas moins de trois cents pieds de large, sur environ soixante de hauteur perpendiculaire. La nuit m'y surprit dans l'extase de l'admiration; mais de cette admiration vive et profonde, qui, de toutes

les jouissances de l'ame, est la plus intime. A dix lieues du Rhin, je croyois
entendre encore le tonnerre de sa cataracte ; je suivois de l'œil son inexprimable impétuosité ; et, dans ce moment
encore , je crois voir ce grand spectacle; il sera toujours présent à mon
imagination.

Je n'oublierai pas davantage l'accueil
que me fit à Basle M. Mechel, directeur
et entrepreneur de la plus belle fabrique
d'estampes qui soit au monde. Je n'avois
d'autre recommandation auprès de lui ,
que mon goût pour les lettres et les
beaux-arts : j'éprouvai qu'il n'y en avoit
point de meilleure , auprès du meilleur
des hommes , et de celui de tous les
Suisses qui connoît le mieux son pays.
S'il n'a pas la première place à Basle ,
c'est que le hasard les y donne toutes ,
jusqu'à celles de professeurs de l'univer-
sité. Cet usage ne vous semble-t-il pas ,
comme à moi, le comble de la déraison ?

Car il n'en est pas à Basle, comme à Athènes, où Solon avoit tellement modifié le sort, qu'il devenoit une espèce de choix. Il étoit libre, à Athènes, de dénoncer au peuple le magistrat élu par le sort, comme indigne de la place que l'aveugle sort lui avoit conférée : il falloit de plus, qu'à la fin de sa magistrature, il en rendît compte au peuple assemblé. A Basle, rien de tout cela ; le sort y décide de tout sans retour , et sans aucun risque pour celui qu'il favorise. Il est difficile de déterminer jusqu'où peuvent s'étendre les conséquences d'une loi si bizarre : on m'assura pourtant que la chose publique, confiée ainsi au hasard, n'en alloit pas plus mal. A la bonne heure ; je ne m'en serois pas douté. Il existe un autre abus à Basle, dont cette ville ne tardera pas à être la victime. On ne sait trop à quoi attribuer les causes de sa dépopulation ; mais elle devient plus sensible de jour en jour ; et cependant il est presque impossible d'y obtenir le droit de bourgeoisie. Assurément, j'ai la plus haute opinion de l'importance des bourgeois de Basle ; mais il me semble que je les estimerois encore davantage, s'ils ressembloient un peu moins à ces barons allemands, qui aimeroient mieux voir s'éteindre leur race, que d'épouser moins de soixante et douze quartiers.

Epuisons l'article des reproches. J'osai en faire un à avoyer de la république de Soleure. Il se réjouissoit du nouveau traité d'alliance, qui avoit été conclu entre la France et les treize canton : et moi, qui suis instruit, lui dis-je, des clauses et conditions de ce traité, je suis affligé pour vous de la mauvaise plaisanterie qu'il rappelle : je sais qu'il nous autorise encore à dire de vous : *Point d'argent, point de Suisse.* Je sais que tel sénateur de vos petits cantons, reçoit annuellement quatre à cinq louis, et moins encore par les mains de l'ambassadeur de France. N'est-ce pas, je vous le demande, n'est-ce pas être couché, parmi les pauvres du roi, sur l'état de ses aumônes ? Comment la fierté républicaine n'est-elle pas révoltée de cette idée ? Si j'avois eu l'honneur d'être le représentant d'un de vos cantons à la diète générale, ô mes concitoyens ! aurois-je dit :

Illustres compagnons de mon indépendance,
    Jusques à quand la bonne foi
    Vendra-t-elle son alliance ?
Faudra-t-il que toujours l'or nous fasse la loi ?
Faudra-t-il que toujours on évalue , en France,
    Ce que doit coûter à son roi
L'amour d'un citoyen, d'un homme tel que moi ?
    C'est avoir trop de ressemblance
Avec ce bey d'Alger, ce pirate insolent,
    Qui vous répond , impudemment :
A ma rapacité je veux bien te soustraire;
Mais songe, vil chrétien, qu'il me faut un présent,
    Pour le mal que je peux te faire.
Libres et souverains, pensons plus noblement.
De la franchise , en tout, soyons les vrais modèles.

Au bon roi des Français restons toujours fidèles ;
Mais renvoyons-lui son argent.

On me dira que la Suisse est pauvre ;
mais il est si beau, mais il est si noble
de savoir être pauvre ! Mais on ne l'est
point quand on sait dire, comme le
plus sage des Grecs, entrant dans une
foire d'Athènes : *Que de choses dont je
n'ai pas besoin !* Mais on voit, par le
Plutus d'Aristophane, que les anciens
avoient été assez philosophes pour mettre la pauvreté au rang des dieux. O bons
Suisses ! en vivriez-vous moins heureux,
au sein de vos montagnes, sans le secours de notre foible subside ? Ah ! j'o-
serai le dire ; vous en devez le sacrifice
à cette précieuse modération qui vous
caractérise ; il vous appartient de donner
l'exemple de toutes les vertus.

Q 4

LETTRE LII.

La petite souveraineté de Neuchâtel mérite plus d'attention que beaucoup de grands empires. Quoique son titre de principauté annonce un maître, et le roi de Prusse, qui en est le prince, le gouvernement le moins modéré, son heureuse constitution la met de pair avec les états les plus libres de la Suisse.

La mort de la duchesse de Nemours (1)

---

(1) Je trouve, dans les lettres de M. de Mayer, une anecdote plaisante, sur cette duchesse de Nemours, dernière comtesse de Neuchâtel. « Elle n'ignoroit pas » que, de son vivant même, sa succession avoit » élevé des contestations entre la France, la Prusse et » la Savoie ; elle en étoit indignée, et haïssoit égale- » ment tous les prétendans. Elle se présenta à un confes- » seur, qui ne la connoissoit point, et qui la voyant » très-haineuse, lui recommandoit le pardon des injures. » Non, non, mon père, disoit-elle : j'ai trois ennemis,

sans enfans, fit naître un grand procès au commencement de ce siècle. Quinze princes ou seigneurs, se présentèrent pour recueillir sa succession au comté de Neuchâtel : plusieurs étoient Français ; tous portèrent leurs prétentions aux états de Neuchâtel, auxquels seuls appartenoit, de droit, la décision de cette affaire. Louis XIV leur fit signifier, avec sa hauteur ordinaire, qu'il falloit que leur souveraineté fût adjugée à un Français ; et son ambassadeur eut ordre d'ajouter que Neuchâtel, étant limitrophe de la Franche-Comté, ce mot devoit suffire. Le fier monarque ignoroit donc que Neuchâtel avoit des

------

» auxquels je ne pardonnerai jamais. —— Mais enfin,
» madame, quels sont-ils ? —— Les rois de France et
» de Prusse, et le duc de Savoie. ——Le confesseur
» la crut folle, et la renvoya brusquement. Il fut bien
» étonné quand il vit, à la porte de l'église, le carrosse
» de la princesse avancer, et recevoir sa folle péni-
» tente. »

liaisons si étroites avec les cantons de Berne, de Soleure, de Lucerne et de Fribourg qu'attaquer Neuchâtel, c'étoit déclarer la guerre à cette respectable partie du corps helvétique. Assurément, à la fatale époque de 1708, ce ton de jactance et d'orgueil étoit bien déplacé. Les états répondirent noblement, que toutes les puissances de la terre ne les empêcheroient pas d'être justes. Frédéric, premier roi de Prusse, réunissoit tous les droits des anciens princes de de Châlons : il fut déclaré souverain de Neuchâtel ; et la fierté du grand monarque échoua devant une poignée de citoyens.

Si le roi de Prusse est souverain de Neuchâtel , tout se réduit pour lui à ce vain titre, et à quelques redevances annuelles et fixes, qui s'élèvent à peine à cent mille livres. Le pouvoir législatif et l'exercice de la justice, sont dans la main du peuple : le citoyen ne peut être jugé que par ses pairs ; et dans le cas d'une contestation , d'un conflit d'autorité, entre le roi et les citoyens, le canton de Berne est arbitre de droit, et prononce sans retour et sans appel.

C'est à Neuchâtel , c'est dans une vallée charmante , aux pieds du mont Jura , que j'ai vu un spectacle unique dans le monde : cinq à six mille paysans, dans de jolies maisons, à chacune desquelles est attachée une portion de terre peu fertile, mais aussi bien soignée que votre jardin de fleurs. Les têtes se touchent à la Chaux-de-Fond, et la terre ne pourroit y nourrir le quart de ses habitans : la nature y a suppléé, en leur donnant un génie inventif et créateur, qui fait l'admiration des artistes. J'ai comparé des ouvrages de mercerie , faits à la Chaux-de-Fond , et les mêmes ouvrages, chez les meilleurs ouvriers de Londres ; ces derniers n'étoient ni mieux travaillés, ni plus finis. On y fabrique des bas et des dentelles ; mais la branche de commerce la plus considérable, est celle de l'horlogerie. Cette vallée expédie tous les ans à l'étranger trente à quarante mille montres, dont le produit est pour elle une source d'aisance, pour ne pas dire de richesses. Si cette heureuse peuplade n'étoit pas si voisine de la Franche-Comté, elle ignoreroit jusqu'aux noms de taille, de vingtième, de capitation, de corvée et de milice. Au reste, la Chaux-de-Fond, aussi libre, et plus libre peut-être que Basle, n'a point cette morgue républicaine, qui n'accorde le droit de cité à aucun étranger : cette charmante vallée s'ouvre à quiconque se présente, muni d'un certificat de probité ; il y jouit des mêmes prérogatives que le natif ; c'est-à-dire, qu'il ne paie ni apprentissage, ni privilége, ni droit de maîtrise ; et qu'il est libre de toutes ces entraves, dont on embarrasse, ailleurs, l'industrie et l'activité.

Quand on pense qu'à l'époque, où Rousseau publia sa lettre à M. Dalembert, la vallée de la Chaux-de-Fond, qui présente aujourd'hui un coup-d'œil si intéressant, étoit alors, dans sa majeure partie, ou inculte, ou couverte de bois, on se croit aux siècles des métamorphoses.

On craint d'être séduit par quelques vains prestiges ;
Dans les jardins d'Alcine on craint d'être enchanté :
Mais on la reconnoît cette divinité,
    Qui fait par-tout de tels prodiges ;
    On reconnoit la liberté.
Aux plaines d'Albion nous lui verrons un temple ;
Plus noble, plus auguste, et plus majestueux ;
    Mais je doute qu'elle y contemple
Des êtres plus contens, des cœurs plus vertueux.
    Reine de ce brillant empire,
Elle aime encor les dons du plus simple mortel.
Elle vient dans ces lieux, avec un doux sourire,
Prendre la fleur des champs, qui pare son autel.
Le bon Suisse l'adore, en habits de bergère.
    Si son trône est en Angleterre,
    Sa cabane est à Neuchâtel.

Voilà un ennuyeux personnage avec sa liberté, ne manqueroient pas de dire ici les fauteurs et les agens du pouvoir arbitraire : il ne finira point d'encenser son idole. Non, messieurs, et voici pourquoi : c'est que ce mot de *liberté*, qui n'a aucun sens pour l'esclave des cours, et le corrupteur des rois, en a un très-profond pour celui, qui, s'il étoit né sur le trône, ne voudroit se servir du souverain pouvoir, que pour mettre ses successeurs dans l'heureuse impossibilité d'en abuser ; c'est que la liberté fut ma première pensée, dès que je pus avoir une pensée ; c'est qu'à quinze ans, je savois par cœur cette admirable lettre de Brutus, dans laquelle il reproche si fièrement à Cicéron, la bassesse qu'il avoit eue d'implorer la clémence d'Octave, pour les vengeurs de la patrie ; c'est que je regarde la liberté comme le principe fécond de toutes les vertus ; qu'il n'y a point de sacrifice qu'elle ne

me rendît supportable, point de sentiment qu'elle ne fît taire dans mon cœur,
point de supplice qu'elle ne me fît braver ;
c'est que le stoïcien Caton, mourant pour
elle, ne m'a jamais paru qu'un citoyen qui
remplît son devoir ; et que la liberté étant
la vie de l'homme, ce dernier trait si
vanté de celle de Caton, n'est à mes
yeux qu'une action faite pour être commune. Ah ! périsse demain le despotisme
qui pèse sur les deux mondes, que la liberté règne ; et tous les jours, jusqu'au
dernier de ma vie, je lui promets un
hymne nouveau !

LETTRE LIII.

De Neuchâtel à Lausanne, et de Lausanne à Vevai, on trouve cette contrée délicieuse, connue sous le nom général de pays de Vaud. A ce nom, qui fait palpiter mon cœur du desir de revoir les merveilles qu'il rappelle à mon souvenir, je fais une triste réflexion : c'est que dans aucun idiome, on n'en peut donner même la plus foible idée. J'ai pour principe, en voyageant, de liré, sur les lieux que je visite, les auteurs célèbres qui en ont parlé, pour mettre, si je peux m'exprimer ainsi, le génie aux prises avec la nature, et pour former mon goût par les plus sublimes comparaisons. C'est ainsi que je conseillerois de lire Pope à Windsor, Pétrarque à Vaucluse , Virgile dans les champs Elysées,

Elysées, Horace à Blanduse et à Tibur , Catulle à Sirmio , Bridone sur le mont Etna, Cooxe en Suisse , et sur-tout son traducteur, qui vaut mieux que lui. C'est ainsi que je lus quelques lettres de la nouvelle Héloïse , dans le pays de Vaud , théâtre de ce beau drame, où , si je ne craignois pas l'emphase , je dirois que Clarens, le lac de Genève et les rochers de Meillerie , jouent des rôles si sublimes. Eh bien , madame , il faut l'avouer in-génument , ces lettres nous tournoient la tête ; et sur les lieux , les tableaux qu'elles offrent me parurent à peine es-quissés. Toute cette pompe, toute cette richesse de style , d'images et de poésie , m'avoit inspiré le desir de voir; je vis que devint tout cela ? un vain bruit et du son. Ces descriptions , pleines ce-pendant de génie et de goût , ne don-nent pas plus d'idées de leur objet, que je ne vous en donnerois de ces descriptions mêmes, en vous disant qu'elles sont composées des lettres de l'alphabet.

Vous connoissez la montagne de l'Eventail , dans les Pyrénées. Figurez-vous que ce superbe amphithéâtre se prolonge et s'étend dans un espace de douze à quinze lieues ; que sa pente, plus douce et moins heurtée, s'élève insensiblement jusqu'à la chaîne du Jura , qui termine fièrement l'horizon. Peignez-vous des paysages de la plus grande variété, se détachant en foule du tableau général ; représentez-vous le lac de Genève, baignant d'un côté les rives enchantées du pays de Vaud, et de l'autre, la file des rochers sourcilleux du Chablais et de la Savoie ; et croyez que votre imagination, si riante et si féconde, n'atteindra point encore à un ensemble de merveilles, qui élude toute description.

Je parlai de Jean-Jacques à Sion , à Clarens, à Genève et à Vévai. Je de-

mandai aux principaux habitans , aux
vieillards sur-tout , si Rousseau avoit
eu dans sa jeunesse quelque aventure
galante, qui eût quelque trait à la nouvelle Héloïse. Tous me dirent que cet
ouvrage n'étoit qu'un roman ; que les
objets, auxquels Rousseau s'abandonna
dans sa jeunesse, contrastoient forte-
ment avec la délicatesse et l'honnêteté
de Julie; enfin, que le printemps obscur
et nébuleux de ce grand homme, étoit
loin d'annoncer les riches moissons de
son automne. Le dialogue qu'il a mis
à la tête de son roman, ne prouve donc
absolument rien, sinon que Rousseau,
le plus éloquent des philosophes, étoit
encore le plus subtil des sophistes.

> Ainsi l'imagination ,
>   Sœur et rivale du génie ,
> Créa seule , à Clarens , et Saint-Preux et Julie ;
> De la nature même elle imita le ton ;
> Fit que chacun crut voir, que chacun crut entendre
>   Ce couple si touchant , si tendre ,

Et se passionna pour une illusion.

Et lui-même, après tout, qu'est-il donc autre chose
    Cet impérieux sentiment,
Qui subjuguoit Hercule, et de nous fait souvent
    Une indigne métamorphose ?
    Qui pour un éclair de bonheur,
Pour le jour passager qui voit vivre la rose,
Prépare au cœur trop foible un siècle de douleur ?
Hélas ! j'ai comme un autre éprouvé sa furie.
L'amour m'a fait sonder l'horrible profondeur
    Des abymes de Meillerie.
Je lui donnois les noms de traître, d'imposteur ;
De farouche tyran, de monstre détestable ;
    Ah ! l'amour n'étoit point coupable ;
    L'amant seul étoit dans l'erreur.
    Est-ce la faute d'une fleur
    Que le matin j'aurai cueillie,
    Si, le soir même, elle est flétrie ?
    Est-ce ta faute, aimable enfant,
    Si d'un enfant foible et volage,
    L'homme, toujours inconséquent,
    Veut faire un grave personnage ?
    Quoi donc ! il voit dans son verger,
Le folâtre zéphyr, le papillon léger,
Quitter les fleurs d'hier pour d'autres fleurs nouvelles ;
    Et de toi, qui portes des ailes,

Il attend , il exige un éternel lien !
Ce n'est qu'un vieux enfant , qui consume sa vie
A chercher le souverain bien ,
Dans la souveraine folie.

Voilà ce qui se dit par-tout ; voilà de ces lieux communs sur l'amour , qu'on répète sans cesse ; et , il faut l'avouer ; tout cela n'est que trop vrai dans ces pays , malheureusement trop vantés , où les ames sont blasées à force de jouissances ; où le goût s'égare dans les recherches d'un vain luxe , et dans le raffinement des voluptés ; où les deux sexes ont perdu dans ce commerce de corruption , décoré du nom de galanterie , ce tact du beau , ce sentiment de l'honnête et du bon , cette énergie sur-tout , sans laquelle on n'aime point , sans laquelle on ne mérite pas d'être aimé. Mais combien ces idées sur l'amour doivent paroître étranges et blasphématoires au paisible cultivateur de la Pensilvanie ; au montagnard éclairé de la Suisse ; à tel Anglois, vivant dans sa ferme ornée, entre sa femme et son enfant, loin de l'air empoisonné de Londres, de ce centre de la richesse, et par conséquent de la corruption britannique ! Chez l'homme pasteur ou agricole, chez tous les peuples voisins de leur berceau, l'amour est plutôt un besoin de l'ame qu'un besoin des sens, un goût réfléchi qu'une ivresse, un sentiment qu'une passion. C'est là, qu'après avoir fait l'enchantement du jeune âge, dans des nœuds formés par l'aimable sympathie, il prolonge encore, il étend son charme vainqueur sur la vieillesse, et va se fondre, si je peux m'exprimer ainsi, dans des teintes, qui n'ont rien perdu de leur douceur, en perdant de leur vivacité.

LETTRE LIV.

GENEVE est dans une situation délicieuse. Si vous me demandiez quel est le point de vue qui m'a le plus frappé dans mes voyages, j'hésiterois entre la rivière de Gènes, le jardin des chartreux à Naples, le château de Windsor, et les environs de Genève. Je doute que, dans les deux hémisphères, on trouve des objets supérieurs en magnificence à cet amphithéâtre du pays de Vaud, dont je vous ai parlé dans ma dernière lettre ; à cet immense bassin, qu'alimente le Rhône ; à son cadre auguste ; à Genève, qui semble sortir de ce beau lac ; à la chaîne de montagnes qui s'élèvent majestueusement derrière elle, et ferment la scène de ce côté-là ; à l'exception du mont Blanc,

R 4

qui domine tout, de ce géant des Alpes, et de tout l'ancien monde, dont la prodigieuse élévation, pour être inaccessible (1) à toute l'audace humaine, n'en a pas moins été déterminée par le baromètre de M. de Luc, et fixée à plus de quinze mille pieds au-dessus du niveau de la mer. C'est sur la cime du mont Blanc que M. le chevalier de B*** plaçoit la calotte du petit abbé Porquet. Voilà ce qui s'appelle rapprocher les extrêmes; la calotte d'un nain sur la tête du mont Blanc! On devine que cette folie est d'un Français; et un peu plus loin, on devine encore qu'il n'y a qu'un Français qui puisse cracher dans l'Océan et dans la Méditerranée, sans sortir de sa place.

Tous ceux qui ont fait quelque séjour à Genève, en reviennent étonnés de

____

(1) J'apprends que deux paysans sont parvenus, dernièrement, à escalader le mont Blanc, jusqu'à son sommet.

la masse d'instruction répandue dans toutes les classes des citoyens, depuis les syndics de la république, jusqu'au dernier artisan. L'ignorance est aussi rare à Genève, qu'elle est commune ailleurs; plus d'un garçon de boutique y donneroit des leçons de grammaire et de goût à tel de nos beaux esprits de société, que je pourrois nommer. Quant aux littérateurs, et aux hommes d'un mérite supérieur, ils y sont trop communs pour être distingués. Exceptons, cependant, l'illustre Bonnet, célèbre naturaliste, si connu dans le monde savant, par sa Contemplation de la nature, et ses Considérations sur les corps organisés.

Quand j'étudiai les loix politiques du petit état de Genève, il me sembla qu'il réunissoit les avantages de l'aristocratie et de la démocratie. Je crus que la loi n'y pouvoit être violée en vain, ni par le bourgeois qui en a remis

l'exécution au magistrat, ni par le magistrat, surveillé par le peuple, nommé par lui, et subordonné à des formes invariables. Je voyois les impôts déterminés par l'assemblée générale du peuple, levés de la manière qu'il prescrit, et pour l'emploi qu'il désigne. Je le voyois décider de la paix et de la guerre, des alliances et des traités ; et je pensois que, si la liberté n'étoit pas à Genève, il falloit ne la chercher nulle part. Mais, depuis les derniers troubles de la république, il faut bien dire avec un anonyme, qui mériteroit d'être connu : « Genève seroit plus libre, si le
» pouvoir judiciaire n'y avoit pas résidé
» dans des tribunaux, rendus, par une
» constitution bizarre, juges et parties ;
» si, toujours attachés à la vaine idée
» de leur indépendance, les Genevois
» n'avoient pas plus souffert des magis-
» trats qu'ils se sont donnés, que de
» leurs ennemis extérieurs les plus achar-

» nés ; s'ils avoient suffisamment ga-
» ranti leur liberté individuelle ; si l'a-
» ristocratie, frémissant de rage, en
» entendant le peuple réclamer la con-
» noissance de ses loix, n'avoit pas
» porté un coup mortel à la patrie, en
» provoquant sur elle le glaive, ou, ce
» qui revient au même, la médiation
» des puissans ; enfin , si les vertus
» des républiques ne déplaisoient pas
» aux rois, et plus encore aux aristo-
» crates. »

Je me trouvai à une fête charmante,
que la république donnoit, sur son lac,
à madame la comtesse de B***. Les
nuages qui s'élevèrent peu de temps
après sur l'horizon de Genève, ne l'a-
voient pas encore obscurci ; et la liberté
avec laquelle tout prend un air de fête ,
et sans laquelle il n'y en a point de véritable, la liberté donnant une fête à
la plus belle des femmes, dans un des
plus beaux lieux de la nature , auroit

monté la tête la plus froide et la moins disposée à l'enthousiasme. Je m'écriai :

C'est ici qu'on respire encore
L'air le plus salutaire aux vertus, aux talens ;
La terre, avec orgueil, y porte les présens
    De la déité que j'adore.
Le voyez-vous, disois-je à l'autre déité,
Qui de Genève alors recevoit un hommage,
    Le voyez-vous, ce beau rivage,
Que Rousseau nous a peint, que Voltaire a chanté ?
    N'admirez-vous pas l'énergie,
    La justesse, la vérité
Du tableau, que Saint-Preux offroit à sa Julie ?
Qu'il disoit vrai, Saint-Preux ! où vit la liberté,
A ses heureux enfans la terre aime à sourire.
L'esclave se tourmente, et la fatigue en vain.
    De l'infortuné qu'on déchire
Elle reçoit le sang, et lui ferme son sein.
O vous ! à qui le sort a remis la puissance,
Dans l'art de gouverner voulez-vous être instruits?
    Venez tous, du point où je suis,
De deux peuples voisins comparer l'existence.
Venez sur le Léman. Vous verrez, à la fois,
D'un de ses bords à l'autre, un contraste sensible.
Là commande un despote ; ici régnent les loix.

De ces agens divers l'influence est visible.
Les aspects du Léman sont la leçon des rois.

Rites, usages, discipline, croyance, tout diffère entre la Rome des catholiques, et celle des protestans. Genève, ainsi que Rome, a un temple dédié à saint Pierre ; mais il est aussi simple, aussi modeste, que l'autre est fastueux et superbe. La messe est, à Rome, la plus grande, la plus auguste cérémonie de la religion ; elle est regardée, à Genève, comme un acte d'idolâtrie. La chapelle du pape retentit d'une musique brillante, et l'église de Genève, de la mauvaise prose rimée de Beze et de Marot, mise en très-mauvais chant, mais exécutée du moins par des hommes. Le célibat est, à Rome, un état de perfection pour les laïcs, et de nécessité absolue pour ses prêtres. Les ministres de Genève pensent, avec l'auteur de l'*Essai sur le mérite et la vertu*, que la conservation de l'espèce est un des devoirs essentiels de l'individu, et que tout individu qui raisonne, et qui est bien conformé, se rend coupable en manquant à ce devoir. Il est décidé, à Rome, que la confession auriculaire peut seule réconcilier le pécheur avec le ciel ; et à Genève, que cette pratique est ridicule et dangereuse. Les ministres ne tarissent point sur ses abus ; et ils croient embarrasser prodigieusement les catholiques, en leur disant que la confession sacramentale, n'a été fixée irrévocablement qu'en 1215 ; et que le Saint-Esprit, qui, selon Rome, avoit déjà présidé à plusieurs conciles, dits œcuméniques, n'auroit pas attendu si tard à s'expliquer sur ce devoir, s'il étoit essentiel au salut. A Rome, on ne peut voir que par les yeux du pape ; on ne peut penser que ce qu'il pense ; on doit croire ce qu'il ordonne de croire. A Genève, chacun a le droit de régler sa foi, sur la mesure de son intelligence ; d'interpréter l'écriture sainte à son gré ; en un mot, de rejeter de la bible et de l'évangile, ce qui lui paroît contraire à la raison qu'il a reçue, seule autorité, sur la terre, à laquelle on soutient, à Genève, qu'un être pensant puisse et doive se soumettre. Enfin, et voilà ce qui achève de mettre une barrière insurmontable entre Genève et Rome, une bouche de fer crie sans cesse du haut du Vatican : *Hors d'ici, point de salut ;* et l'esprit philosophique, qui règne à Genève, ouvre le ciel aux vertus de tous les temps, de toutes les religions, de toutes les latitudes ; et voit ensemble, dans la vie éternelle, Jésus et Socrate, la Vierge et Hypatie, Moïse et Confucius, Abraham et Pythagore.

Depuis long-temps cette ville maudite
Pour son apôtre a fait choix de Socin.
Œcolampade, et Luther et Calvin
Y trouveroient, à peine, un prosélite.

On y soutient, affez publiquement,
Que l'Africain aux pieds de son fétiche,
Que le lama, le pape, le derviche,
S'abusent tous; et tous, également,
Aux yeux de Dieu, rentrent dans le néant.
O mes amis! y dit-on hautement;
Croyons que Dieu, que ce monarque auguste
Voit en pitié nos temples, nos autels ;
Et qu'il n'en veut que dans le cœur du juste.
Croyons sur-tout que l'ami des mortels
Pardonnera leur sainte extravagance.
Mourons en paix ; le Dieu de la clémence
N'allume point de brasiers éternels.
O Genevois! vous êtes condamnables.
Mais, loin de Rome et de son saint troupeau ;
Puisqu'il est dit qu'il faut aller aux diables,
Vous ne pouviez prendre un chemin plus beau.

Parmi ces innombrables infortunés, qui, comme dit Arnolphe,

Bouillent dans les enfers à toute éternité,

il est bien douloureux d'être obligé de compter le fameux duc de Rohan, dont on conserve la cendre à Genève. J'avoue que l'extréme tolérance, dont j'ai toujours

jours fait profession, fut au moment de m'abandonner devant la niche, où la cendre de ce grand homme repose, obscurément, dans une muraille du temple. J'avoue que mon respect pour sa mémoire me rendit encore plus triste la nudité de cette église, et plus digne de pitié l'horreur des calvinistes pour la décoration intérieure de leurs temples. Quoi ! sages Genevois ; pas même un monument pour le héros de votre secte, et celui de l'humanité, qui joignit les vertus d'un sage aux talens militaires, et le génie de Polybe aux connoissances de Grotius ! Tout le monde ne sait pas que, tandis qu'il avoit le malheur de combattre son roi qu'il aimoit, pour une religion qu'il aimoit davantage, il faisoit négocier, auprès du grand-seigneur, l'acquisition de l'île de Chypre. Le marché alloit se conclure, quand la mort enleva le négociateur de cette grande affaire. Le projet du duc de

Rohan étoit de rassembler, dans cette île, les nombreuses familles des protestans, persécutés en France et en Allemagne, et de leur donner des loix. On ne peut trop regreter la ruine d'une telle entreprise, méditée par un tel homme. La philosophie compteroit un asyle de plus au malheur et à la vertu.

LETTRE LV.

Je relis ma dernière lettre ; et je réponds d'avance aux questions que vous ne manqueriez pas de me faire, sur l'origine des derniers troubles de Genève. Il s'en faut beaucoup que ces petits détails soient indignes de votre attention.

Dès l'année 1736 , il s'étoit élevé à Genève une dispute très-vive, entre le conseil des deux cents, celui des vingt-cinq, et le corps des citoyens, relativement au droit que ceux-ci prétendoient

avoir, et que la loi leur donnoit effectivement, de rejeter, en tout ou en partie, les syndics élus par le conseil. Les
syndics sont à Genève, ce qu'étoient
les consuls à Rome, avant le triumvirat;
proportion gardée entre la maîtresse du
monde, et une ville dont la souveraineté
se borne à quelques jardins et maisons
de plaisance. Le pouvoir législatif et
l'exécutif alloient s'anéantir l'un par
l'autre, et s'ensevelir sous les ruines de
la république. On assure que le roi de
France, et les cantons de Berne et de
Zurich, offrirent une médiation qui
dût faire trembler les citoyens de Genève; car il étoit dans l'ordre qu'un roi
absolu et deux aristocraties ne prissent
pas avec beaucoup de chaleur les intérêts
du peuple. Cependant, celui de Genève
ne perdit pas tout-à-fait son procès; la
loi étoit trop claire et trop précise en
sa faveur. Mais la politique qui n'est
guère, en dernière analyse, que la

S 2

science et l'art des subterfuges, avoit eu soin d'en ménager aux conseils; et les troubles de 1736, plutôt assoupis qu'éteints, se ranimèrent avec violence en 1763.

Les citoyens avoient présenté des mémoires sur l'admission de quelques membres au droit de bourgeoisie; et ces mémoires avoient été rejetés sans réponse. Les deux cents et le conseil des vingt-cinq n'avoient pas eu plus d'égard aux vives représentations des citoyens, sur ce manque de respect à la puissance législative. Les esprits de la bourgeoisie étoient déjà fort irrités, quand la proscription des ouvrages et de la personne de Jean-Jacques Rousseau acheva de les révolter. Remarquons, en passant, que, dans cette circonstance, époque mémorable de l'histoire de Genève, on vit la sainte réformation évangélique agir directement contre l'esprit de la réformation. Elle avoit dit:

je me sépare de Rome, parce qu'elle me conteste le droit que tout être pensant apporte, en venant au monde, d'être juge compétent de ce qu'il doit croire ou rejeter; et dans ses anathêmes contre Jean-Jacques, elle dit : je brûle tes ouvrages, et je te chasse de mon sein, parce que tu oses douter, quand j'affirme, et trouver inexplicable ce que je comprends parfaitement. Falloit-il donc faire tant de bruit ? falloit-il tant déclamer contre l'intolérance du catholicisme, et finir par donner soi-même des exemples d'une si ridicule intolérance ? Quoi qu'il en soit, l'église arma le gouvernement contre Jean-Jacques. Les citoyens, justement indignés de voir violer, dans sa personne, tous les principes du droit naturel, qui exige que nul ne soit condamné sans avoir été entendu dans ses défenses, firent des représentations, dignes de leur objet et du philosophe éloquent, dont ils se déclaroient les défenseurs. Les ministres, toujours les mêmes dans toutes les réformes, et malgré toutes les réformes, répondirent par des injures, et firent parler le magistrat comme le despote, devant lequel la loi se tait, ou, pour parler plus juste, devant lequel il n'y a point de loi. Rousseau décrété, renonça fièrement à sa patrie, qu'il avoit honorée. C'étoit le moment des élections. Le mécontentement de la bourgeoisie éclata par la rejection réitérée de tous les sujets proposés pour le syndicat. Alors, et plus vivement que jamais, le combat s'engagea entre les différens pouvoirs de la république. Les mêmes médiateurs, garans du réglement de 1738, achevèrent de tout bouleverser, en ordonnant que les bourgeois se soumissent aux prétentions des deux conseils; c'étoit changer d'un mot le gouvernement de Genève, et en faire une aristocratie absolue. Au reste, la force pouvoit bien courber l'habitant de Genève sous le joug de vingt-cinq tyrans; mais elle ne pouvoit enchaîner à Genève le citoyen, qui avoit le noble orgueil de préférer à tout, le bonheur d'être libre. Il se fit des émigrations, dont la France se seroit enrichie, si les projets du duc de Choiseul, à Versoy, avoient été suivis; si la France pouvoit avoir un système d'administration, tant qu'elle sera privée de ses assemblées nationales; si sa destinée ne dépendoit pas toujours de l'homme en faveur, qui la gouverne; et si tout ce qu'il a fait ou médité, ne disparoissoit pas avec lui. Genève se dépeuploit de jour en jour; il y eut des émigrans qui allèrent s'établir jusqu'en Irlande. Enfin, le bon génie de la république inspira un projet de pacification, qui fut adopté d'une voix unanime. Par ce nouveau réglement législatif, la bourgeoisie a perdu, il est

vrai, le droit illimité de rejeter indéfi-
niment les magistrats qu'on lui présente;
mais elle a acquis un contre poids plus
sûr, dans la balance de son aristo-dé-
mocratie, par le droit de revision annuelle du petit conseil, et par celui d'é-
lire la moitié du conseil des deux cents.
On a lieu de se flatter à Genève, que
l'harmonie, entre les parties constitutives de l'état, n'y sera plus troublée,
et qu'elle ne se croira plus dans la triste
nécessité d'appeller à son secours de
grandes puissances médiatrices. J'en
fais le vœu pour elle; et je lui dis avec
La Fontaine :

Petits princes, videz vos débats entre vous.

Que des tigres, qui se déchirent,
prennent le lion pour arbitre, cet arbi-
trage est dans la règle; mais il est contre
la nature des choses que des moutons,
qui se disputent quelques brins d'herbes,
choisissent le loup pour médiateur.

LETTRE LVI.

Avant de quitter la Suisse, il me reste à vous rendre compte d'une petite course dans le Valais, et de ma visite aux glaciers de Chamouni.

Les glaciers sont peut-être le phénomène le plus curieux de la nature. C'est là qu'elle déploie une grandeur démesurée, et que l'imagination s'élance et se perd, soit dans l'ensemble, soit dans l'immensité des détails. Comment donc vous en donner une idée ? Quand je vous aurai dit que de vastes amas de neiges et de glaces occupent les deux tiers des Alpes, et menacent d'envahir l'autre ; que, du Saint-Bernard au mont Blanc, et du Saint-Gothard au *Scherch-Horn*, ou pic de terreur, s'étend un océan, dont la blancheur uniforme n'est

interrompue que par des pics semés çà
et là, et qui, réduits par la succession
des siècles à un état de nudité absolue,
voient glisser de leurs têtes chauves et
décharnées les neiges, qui s'y accumu-
loient avant leurs éboulemens ; quand
j'aurai ajouté qu'un dédale de fleuves,
échappés de cette mer supérieure., qui
les alimente éternellement, descendent
en silence des inabordables sommets
des montagnes, et suivent dans le
même silence toutes les pentes, toutes
les sinuosités ; que ces torrens muets et
immobiles, parvenus aux foibles inter-
valles que les montagnes laissent entr'elles, et aux vallons, dont l'industrie s'est emparée, les envahissent d'une
manière sensible, et font pâlir d'effroi
le pâtre, qui, d'un œil attentif et sombre,
observe leur accroissement journalier ;
quand j'aurai dit tout cela ; et, mieux
encore, quand j'aurai copié l'élégant
traducteur de Cooxe ; à quoi se rédui-

ront tous mes efforts ? Soyons justes
et de bonne foi ; à rien. On peut , avec
de l'imagination et du goût , donner
de la vie et du mouvement à la représentation des choses qui sont pleines
de mouvement et de vie. Mais ce vaste
et inépuisable réservoir de frimats ;
mais ce tombeau de la nature expirante ; mais l'immobilité, le silence et
le néant . . . . . .

Le néant ! qu'ai-je dit ? je m'égare ; j'oublie
Ces agens créateurs , ces principes de vie ,
Sur les monts orgueilleux par l'Eternel placés ,
Et qu'il verse, à grands flots, de leurs sommets glacés.
N'ai-je pas vu le Rhin ? n'ai-je pas vu son frère ?
Nai-je pas admiré ces jumeaux bienfaisans ,
Qui , nés aux mêmes lieux , sortis des mêmes flancs,
Dès leur source , entraînés par un destin contraire ,
A des peuples divers vont porter leurs présens ;
Leur épargner des frais et des travaux immenses ;
De l'active industrie animer les desseins ;
Lui présenter des ports ; lui creuser des bassins ;
Et , du monde étonné rapprochant les distances ,
Par les nœuds du commerce enchaîner les humains ?

Le pâtre, qui jouit du tribut de leur onde ;
Qui voit naître, à l'entour, tant de germes divers ;
Ignore que, pour lui, la nature féconde
Les a couvés d'avance, au séjour des hivers,
Et sur des lits de glace, aussi vieux que le monde.
Plus d'un docteur, perdu dans une nuit profonde,
N'apperçut dans ces monts, l'un sur l'autre entassés,
Que les cavernes du ciel ; et l'absurde ignorance
Y voit obstinément les traits de la vengeance,
Des mains du créateur bizarrement tracés.
Précepteur de mensonge, embrassez ce système ;
Il est digne de vous. Voyez avec effroi
Un Dieu sombre et jaloux ; tremblez ; mais laissez-moi,
Laissez mon cœur s'ouvrir à sa bonté suprême.

Je l'avouerai, madame, nulle part
cette bonté suprême ne me paroît briller
avec plus d'éclat, que dans la disposition des montagnes dont la terre est
couronnée. Le comte Marsigli, auquel
Bologne, sa patrie, doit son fameux institut, et la physique une savante histoire
de la mer, ce respectable philosophe,
que l'empereur Léopold traita si indi-
gnement, et qui trouva dans l'étude une

consolation plus solide que la faveur des rois; le comte Marsigli, frappé de l'ordre admirable qui règne dans le désordre apparent de ces grandes inégalités, méditoit un traité sur la structure organique du globe, dans lequel il comptoit prouver que les montagnes sont à la terre, ce que les os sont au corps humain. Il ne pouvoit se lasser de contempler cette vaste charpente; d'admirer comme elle s'emboîte et se ramifie, en se prolongeant des Alpes aux Pyrénées d'un côté, et aux Apennins de l'autre; tandis qu'elle s'étend, au midi, de la Thessalie au mont Krapach, traverse le Danemarck, la Suède et la Finlande, jusqu'aux pays de Samoïedes, et se joint au Caucase, à travers la Russie et la Tartarie. Revenant ensuite à la pointe de l'Afrique, il voyoit cette grande chaîne se lier, sans interruption, du cap de Bonne-Espérance au mont Atlas; couper toute cette partie du globe jusqu'à

l’embouchure du Nil ; envoyer ses rameaux à l’Immaüs et au Taurus ; et ne
finir qu’avec la terre, à son extrémité
orientale. Le nouveau monde lui offroit
les mêmes objets d’étonnement et d’admiration, dans la coupe et la direction
des Cordilières et des Apalaches, qui
le traversent, au nord et au midi. Du
pied de ces masses prodigieuses, sortent
plus de six cents fleuves, qui, après avoir
arrosé la terre dans tous les sens, vont se
rendre immédiatement à la mer, d’où,
pompée par le soleil, une partie est de
nouveau restituée aux montagnes, pour
y être filtrée encore et rendue aux plaines ; l’autre, condensée en nuages, se
répand en pluie et en rosée sur la surface du globe. Heureux qui pourroit,
d’un coup de génie, embrasser l’ensemble des merveilles de la nature ! heureux,
presque également, l’esprit patient et
laborieux, qui se livre à l’examen détaillé
de ses innombrables productions ! Mais

On ne sauroit trop le répéter ; c’est principalement sur les montagnes qu’il faut
s’abandonner aux grandes idées qu’elle
seule peut inspirer.

Ah ! que de la hauteur de ces monts sourcilleux,
Il est beau de planer sur la nature entière !
Quelle y paroît sublime ! et quels flots de lumière
Viennent s’y rassembler sur son front radieux !
    Que je voudrois, belle Eugénie,
Sur ce trône éclatant l’admirer avec vous ;
Voir vos traits s’animer, voir de votre œil si doux
    Partir les éclairs du génie !
    Car vous n’avez point ces beaux yeux
Qui ne savent que dire : admirez ; je suis belle.
Votre ame vient s’y peindre, et m’en plaît encor mieux.
    C’est un miroir pur et fidèle,
Qui reçoit, réfléchit, et porte tour-à-tour,
De votre ame sensible à mon ame embrasée,
    La lumière de la pensée,
    Et le sentiment de l’amour.

Que ce regard enchanteur ne se fixe
jamais sur les tannières et la mal-pro-
preté des Valaisans, chez lesquels j’ai eu

l'intrépidité d'entrer, dans ma course ,
aux glaciers de Savoie. J'épargne à votre
délicatesse, le spectacle de ces dégoûtans objets : j'allois toujours cherchant,
et ne trouvant jamais ceux dont Jean-
Jacques a fait des tableaux dignes de
l'Albane. Je reconnoissois bien la fidé-
lité de son pinceau, dans la description
physique des lieux ; et , comme lui,
j'aurois passé tout mon temps, en par-
courant le Valais, dans l'enchantement
des paysages, si la vue de ces montagnards mal-propres et paresseux, si celle
de leurs abominables repaires , n'avoit
pas perpétuellement sali mon imagination. On m'a dit, depuis, que je n'a-
vois pas pénétré assez avant dans la
partie méridionale. Là, dit-on, existent
encore ces mœurs simples et pures, ces
vertus du premier âge du monde, ces
hommes , enfin , qu'admiroit Saint-
Preux, et dont les cretins du Valais
sont l'effroyable contraste.

L'article

L'article *cretin* du Dictionnaire encyclopédique , un mémoire de M. le
comte de Maugiron , et les recherches
philosophiques sur les Américains, vous
apprendront fort au-delà de ce que vous
pouvez desirer, sur ces hommes dégéné-
rés, qui naissent et meurent dans l'idiotisme. Tous n'ont pas des goîtres ,
comme l'ont dit quelques voyageurs :
quelques-uns même ont de foibles lueurs
d'intelligence ; mais la plupart n'ont absolument que les signes extérieurs de
l'animalité. La nature, par une de ces
erreurs bizarres, qui vont directement
contre son but, donne à ces êtres infortunés une ardeur inconcevable pour
se reproduire ; comme si elle pouvoit
se plaire à éterniser une génération de
monstres. Je ne veux même pas que
vous deviniez ce que je vis faire à un
cretin, dans une rue de Sion, en vue et
à quelque distance d'une idiote comme
lui, dont le goître tomboit au-dessous

Tome II.   T

de sa ceinture. Baissez les yeux ; cela est encore plus abominable que le fond du tonneau de *Diogène*. Ici se montre et paroît, dans des exemples bien déplorables, l'influence du corps sur l'être qui pense en nous. Ce sens, quelqu'il soit, logé chez le cretin, dans le corps le plus difforme, y reste dans un engourdissement absolu, dans un véritable état de chrysalide. Cette race d'hommes, puisqu'il faut bien la nommer ainsi, n'a pas même l'espèce d'intelligence du singe, qui consiste à imiter. Le cretin voit sans voir ; il toucheroit cent fois une chose sans la distinguer d'une autre ; il se précipiteroit dans l'eau, dans le feu, dans un abyme, si la charité qui le suit partout, ne le surveilloit sans cesse ; enfin, la plante qui végète, mais qui remplit son but dans le système des êtres, est infiniment supérieure à cette déplorable erreur de la nature.

Ce phénomène vous étonne ;
Et vous me demandez en vain

Quelle est, où loge, où va l'ame de ce cretin :
On répond à cela ; mais ce n'est qu'en Sorbonne.

J'avois lu qu'on ne trouve l'idiotisme que dans les vallées profondes et ténébreuses, qui ne jouissent jamais de la présence du soleil, et dont par conséquent cet astre n'échauffe et n'épure jamais l'atmosphére. J'entrai dans le Valais, avec cette prévention, qui fut détruite à Selges, à Sydes, à Sion, dans tous les lieux exposés au soleil, où je remarquai plus de cretins que dans des endroits plus bas et plus humides. M. Raman de Carbonnière, qui avoit bien voulu me donner le fil du grand labyrinthe des Alpes, m'avoit prévenu que la race infortunée des cretins abondoit principalement dans le voisinage des montagnes schisteuses, composées d'une mauvaise ardoise calcaire, qui se dégrade et se décompose promptement à l'air, et dont la dissolution cause les grands bouleversemens qu'éprouve cette contrée. Tous les torrens, chargés de ces dépouilles des montagnes, les roulent en particules crétacées, si divisées et si tenues, qu'elles y demeurent en suspension réelle. Le docteur Tronchin pensoit, comme M. de Carbonniere, qu'en accompagnant le liquide dans les voies de la digestion, ces particules s'arrêtoient dans les couloirs et les tuyaux capillaires, y occasionnoient des engorgemens, et les obstruoient sans espoir de guérison.

Je partis de Sion, pour me rendre à Ferney. O nature incompréhensible! un cretin et Voltaire!

LETTRE LVII.

JE n'avois jamais vu Voltaire ; mais il daignoit, depuis plusieurs années, me donner des encouragemens dans la carrière, dont il avoit atteint le but. Il m'avoit écrit un billet charmant, à mon arrivée à Genève ; & cependant, vous l'avouerai-je ? l'idée que j'allois paroître devant le phénomène du dix-huitième siècle, m'inspiroit un sentiment de terreur, que je ne pouvois surmonter. Pour la première fois de ma vie, je connus les alarmes de l'amour-propre, et les tourmens de la timidité.

L'amour-propre et l'autre amour produisent donc les mêmes effets sur celui qu'ils dominent. Lorsqu'à seize ans, je risquai ma première déclaration, le cœur ne me battit pas plus fort qu'au moment où j'apperçus Ferney ; et quand on m'ouvrit la porte du sanctuaire, quand le dieu parut, je craignis de me trouver mal. Voltaire ne se méprit point à ces violentes agitations de l'amour-propre ; vous savez combien il avoit de coquetterie. Mais la coquetterie d'un grand homme n'est pas celle d'une jolie femme, qui n'est que jolie ; il ne reste point à froid, auprès de l'être qu'il embrase. Le poète philosophe mit dans son accueil et dans ses caresses une bonhommie, oui, madame, une bonhommie, qui auroit dû me surprendre, et qui ne fit que me rassurer. Il n'eut précisément que l'esprit et le genre d'esprit qu'exigeoit la circonstance. Enfin, il daigna descendre jusqu'à moi, pour m'élever insensiblement jusqu'à lui ; secret charmant, dont le génie ne s'avise pas toujours, et le seul, pourtant, qui puisse lui faire pardonner sa supériorité.

Peu à peu l'astre sortit du nuage,

qui m'en avoit adouci l'éclat, et bientôt il brilla de tous ses rayons. Vous
l'avouerai-je encore? j'en fus d'abord
plus ébloui qu'éclairé. Vous en jugerez
par le récit de notre premier entretien.

Ce grand homme s'occupoit beaucoup
des intrigues de la cour de France ; mais
il ne voyoit guère dans les changemens
qui pouvoient en résulter, que le plus
ou le moins de facilité à répandre ses
petites gaietés philosophiques. C'étoit
l'époque de la fameuse révolution dans
l'ordre de la magistrature, et de la sub-
version du parlement de Paris. J'eus le
chagrin d'entendre le plus beau génie
de ce siècle en louer l'opprobre. Enfin
donc, disoit-il, Hercule a nettoyé les
étables d'Augias ! L'enthousiasme l'avoit
gagné au point, qu'il se peignoit, effectivement, la petite figure jaune et blême
du chancelier M * * *, sous les traits
d'Hercule, abattant, d'un seul coup,
les sept têtes de l'hydre. J'admirois le

poëte, et je cherchois en vain le philosophe. Etonné sans doute et du sérieux, et du silence profond que je gardois, il me demanda quelle étoit sur sa conduite, dans les circonstances actuelles, et sur son opinion, qu'il avoit publiée hautement, celle des hommes de marque, dans les différentes contrées que je venois de parcourir. Ils pensent, assez généralement, répondis-je avec hardiesse, que la muse de l'histoire arrachera de la vôtre un feuillet, qu'elle jettera aux pieds de votre statue, et sur lequel on lira : Eloge du chancelier M***, par Voltaire.

Ce même homme, qui répondit trop souvent aux piquures d'épingle par des coups de poignard, se contenta de me dire : Mais, vous ne pensez donc pas à la guerre du parlement contre les philosophes, au scandale de ses requisitoires, à l'assassinat du chevalier de la Barre, au fanatisme qui l'immola, à la cendre de Calas ? Mais, vous voudriez donc que les philosophes fussent pendus ? Non certes, lui dis-je, et vous êtes une preuve sans replique de la tolérance du gouvernement français, et de l'indulgence de ses magistrats. Mais je veux que les loix regnent, et qu'il n'y ait de pendu, que le sacrilége qui les viole et les détruit ; mais je ne veux pas que la monarchie tempérée, que *Xénophon*, qui avoit vécu sous toutes les formes de gouvernement, trouvoit la meilleure de toutes, devienne un despotisme abominable, et le palais des rois, un repaire de bêtes féroces.

C'est sur-tout avec les hommes supérieurs, que l'art le plus sûr est de n'en point avoir, et qu'une manière franche et vraie réussira toujours. Voltaire fut convaincu du vif intérêt que je prenois à sa gloire, et je recueillis le fruit de ma sincérité. Il me fut permis de le voir à toute heure, à tout moment. J'eus l'inexprimable plaisir d'observer le phénix des hommes, dans un négligé auquel, sous tous les rapports, et dans toutes les acceptions possibles, j'ai toujours trouvé tant de charmes.

Le lendemain de mon arrivée, j'étois assis, près de lui, devant son bureau ; je pris une plume, dont il venoit de se servir ; et après lui avoir donné un de ces baisers, que l'enfantillage de l'amour prodigue à la fleur, qui a parfumé le sein d'une maîtresse adorée, j'écrivis les vers suivans, sans doute avec plus de rapidité que de bonheur.

> Me voilà donc, foible et timide arbuste,
> Près de ce cèdre antique et vigoureux,
> Qui ne verra sous son feuillage auguste
> Que des lauriers, des myrtes amoureux,
> Quand la farouche et détestable envie,
> Au teint livide, aux yeux étincelans,
> Monstre hideux, qu'irrite son génie,
> Aura fait place à l'équité du temps.
> J'aime à le dire, ô célèbre Voltaire !

Je te dois tout ; tu fus mon second père.
Enfant encor , je lisois tes écrits ;
Ils élevoient, ils transportoient mon ame ;
Et j'épurois , à ta brillante flamme ,
Ces goûts divins dont mes sens sont épris.
Prodigieux , ainsi que tes ouvrages ,
Toi seul es tout; toi seul , tu réunis
Les agrémens , l'esprit de tous les âges.
Sur ses vieux jours , quelques sombres images
Du grand Newton offusquèrent les yeux :
Newton rêva. Voltaire , non moins vieux ,
L'heureux Voltaire est recherché des sages ,
Fixe les ris , badine avec les jeux,
Et des neuf sœurs obtient tous les hommages.
Tel vous voyez le soleil radieux ,
A son couchant, colorer les nuages ;
Et dans les airs , qu'il vient de parcourir ,
Lancer encor le jour , prêt à finir.

La réponse ne se fit attendre que le
temps de l'écrire.

Ce beau lac de Genève , où vous êtes venu ,
Du Cocythe bientôt m'offre les rives sombres ;
Mais vous êtes Orphée en ces lieux descendu,
   Pour venir enchanter les ombres.

Vous savez combien cette monnoie de Voltaire avoit de cours. Je ne contribuai en rien à faire circuler cette petite pièce d'or, quoique frappée au bon coin ; et je me contentai de la ranger précieusement dans mon médaillier. Je ne fus pas peu surpris de voir, plusieurs années après, ce joli quatrain, dans je ne sais quel recueil de vers, dont l'éditeur fut sans doute plus juste que Voltaire, en adressant ceux-ci à M. le chevalier de Boufflers, qui certainement en étoit plus digne que moi.

Je me rappelle encore que je lui montrai cette miniature dont, suivant vos ordres, je m'efforce de faire un petit tableau d'histoire, et qu'il écrivit, au bas, avec la rapidité de l'éclair.

Ce Chapelle, ce Bachaumont,
Ont fait un moins heureux voyage ;
Tout est épigramme, ou chanson,
Dans ce renommé badinage.
Vous parlez d'un plus noble ton ;

Et je crois entendre Platon,
Qui, revenu de Syracuse,
Dans Athène, emprunte la muse
De Pindare et d'Anacréon.

Je vous l'ai déjà dit : je n'étois nullement la dupe de toutes les cajoleries du malin vieillard. Tant de petits avortons littéraires en avoient été l'objet ! Je n'en ai d'autre, en vous envoyant ces fleurs, que de vous prouver l'étonnante facilité avec laquelle il les moissonnoit encore, à soixante-quinze ans : ce n'est point un sot amour-propre qui vous les présente ; mais le goût, qui en compose un joli bouquet, pour les graces.

L'éloge de Voltaire est dans ses écrits, et ne sera point ailleurs. Je suis convaincu du moins qu'aucun éloge de lui ne répondra jamais à la beauté du sujet. Quant aux défauts de l'homme, ils sont ensevelis dans la tombe ; et assez d'autres, sans moi, auront le triste plaisir de les en tirer. Je me plairai même à croire que la calomnie a exagéré ses fautes ; et je me garderai bien de la suivre, devant l'urne de ce grand homme, *où elle se tiendra long-temps debout, continuant d'en remuer la cendre avec son poignard.*

Gens de lettres de tous les pays, philosophes de tous les temps, votre sort sera toujours le même. Avez-vous le génie d'Homère ? *Zoïle* vous jugera. Chantez-vous comme Virgile ? Les *Bavius* et les *Mœvius* croasseront autour de vous. Doutez-vous modestement avec Descartes ? Les *Voëtius* crieront à l'athéisme. Chacun s'immortalise à sa manière. Les *Voëtius* et les *Garasses* ressemblent à ce fou *d'Erostate*, qui brûla le temple d'Ephèse, pour associer son nom à celui de Diane.

LETTRE LVIII.

Après Voltaire, il n'y a rien. Je termine ici cette partie de mes voyages.

Avant de m'éloigner de Genève, je voulus jouir, encore une fois, de la vue de son beau lac. On m'avoit parlé de Vougi, comme d'une situation unique, peut-être dans les quatre parties du monde. Arrivé à la charmante maison de MM. de l'Essert, on me fit monter au signal, d'où je ne dirai pas que je découvris tous les royaumes de la terre; mais l'horizon le plus riche et le plus étonnant, meublé de onze villes, de trente villages considérables, et d'une multitude de châteaux, et d'habitations de toute espèce. La petite mer de Genève s'encadroit majestueusement, devant moi. Derrière, s'élevoit la longue chaîne

du Jura ; et de la rive d'Auboune à la
rive opposée, de Genève à Lausanne, je
détaillois des sites, en si grand nombre ;
ils sont si riches, si variés, si ravissans,
qu'on est étonné de ne pas trouver à
Vougi les meilleurs peintres de paysage.
Il faut ajouter qu'au moment où je par-
venois au signal, le soleil doroit de ses
premiers rayons ce spectacle enchanteur :
non, jamais il ne se levera pour moi avec
cette inexprimable magnificence. Il sembloit que la nature voulût m'offrir ces
beaux lieux dans tout leur éclat, pour
rendre mes regrets plus vifs, et mes adieux
plus touchans. Ce fut là, qu'après avoir
long-temps promené mes regards, sur les
rives que j'allois quitter, et ma pensée sur
les constitutions de la Suisse, j'adressai
des vœux ardens au génie de l'humanité,
pour la conservation de ces républiques
fortunées. Ce fut là que je m'écriai
d'une voix, altérée, sans doute, par
la vive émotion de mon cœur : adieu
donc,

donc, auguste chaîne de montagnes, que des mains libres ont fertilisées ; où la liberté et la propriété sont inviolables ; où *le glaive de la loi se meut également sur toutes les têtes, et tranche, ou fait baisser les audacieuses :* où tout le monde, étant animé du même esprit de travail et d'industrie, chacun vit aisément de ce qu'il a, et jouit en paix de ce qu'il possède. Adieu, grandes et belles villes, qui présentez au voyageur toutes les ressources, tous les agrémens de la société perfectionnée ; mais auxquelles, si j'en juge par moi, l'ami des bonnes mœurs et de la simple nature vous préférera toujours, bourgs et hameaux des petits cantons, asyles du vrai bonheur, du seul bonheur inaltérable qu'il soit donné à l'homme de goûter sur la terre. Adieu, paisibles habitations de l'innocence et de l'amour, que trop heureusement pour vous, la nature a rendues d'un accès assez diffi-

Tome II.   V

cile , pour rebuter la curiosité , qui n'est que frivole. Adieu , républiques assez sages , pour rejeter de votre sein ces petits *marjolets*, *vêtus de soie et de pourpre* , comme les appelloit le vertueux Sulli. Adieu , gouvernemens , pauvres , dit-on , mais riches , selon moi, puisque vous ne devez rien ; plus riches , par conséquent, que ces grands empires accablés d'impôts et de dettes. Adieu , pépinière de citoyens, là, où le despotisme régnoit sur des déserts; belles femmes , sans prétentions , et sans coquetterie ; hommes bons et loyaux , que votre respect pour les mœurs , votre franchise connue , votre passion pour la liberté rendent à mes yeux la nation la plus recommandable de l'Europe. Adieu, peuple frugal et laborieux , qui n'avez ni armées à soudoyer , ni forteresses à entretenir, ni luxe à réprimer, ni impositions à payer, ni mendians d'aucune espèce à nourrir.

Adieu, mes bons amis, vous qu'[illegible]

J'ose nommer, peuple [illegible]

Si des bords de l'Indus [illegible]

D'une place à mon [illegible] le choix;

L'auguste vérité [illegible] par ma voix,

La seule ambition dont mon ame est éprise

Seroit de vivre sous vos loix.

F I N.

Nota. Si le public accueille ces lettres avec bonté,
on tàchera de se procurer celles du même auteur sur
l'Angleterre et la Hollande.

(Note de l'éditeur.)